ECKART BÖHMER

Kaspar Hauser

«Das einzige Geschöpf seiner Gattung»

ECKART BÖHMER

Kaspar Hauser

«Das einzige Geschöpf seiner Gattung»

Zwei Vorträge und eine Erzählung

INFO3 VERLAG

Schriften aus dem Kaspar Hauser Forschungskreis Band 4
Herausgegeben vom Kaspar Hauser Forschungskreis
im Karl König Institut Berlin
www.kaspar-hauser.net

ISBN 978-3-95779-203-7

Umschlaggestaltung und Satz: Winfried Altmann
Umschlag unter Verwendung einer Aquarellstudie von
Kaspar Hauser, 1832. Stadtbibliothek Nürnberg

Druck und Bindung: Jelgavas Tipogrāfia, Jelgava, Lettland

INHALT

VORWORT

Die beiden hier veröffentlichten Vorträge habe ich seit 2022 inzwischen in mehreren Städten und Ländern gehalten. Aber ich habe sie nur dann gehalten, so ich an den jeweiligen Orten zuvor bereits mehrere Male über Kaspar Hauser gesprochen hatte. Und dies aus dem Grunde, da ich in diesen Vorträgen recht weit gehe in meinen geistigen Forschungen, um somit immer mehr die ungemeine Tiefe des Mysteriums um Kaspar Hauser ausloten zu können.

Aber ein Mysterium ist ja nicht gegeben, um gelöst zu werden, gleich einem Kreuzworträtsel. Ein Mysterium ist gegeben, um daran immer weiter zu wachsen. So weit zu wachsen, dass es sich dann, Stufe um Stufe, offenbaren kann, offenbaren will.

Ich lebe nun mit den Fragen dieses Mysteriums seit über 33 Jahren und nahezu täglich widme ich mich dem geistigen Forschen sowie auch dem Verifizieren des geistig Erforschten. Und so darf ich sagen: Bei aller äußerst notwendigen Demut auf diesem Wege, durften sich, mit der enorm großen Hilfe der geisteswissenschaftlichen Erkenntnisse Rudolf Steiners, neue Tore öffnen, sodass wir heute bezüglich des Mysteriums Kaspar Hauser nicht mehr dort stehen, wo wir noch vor einigen Jahren gestanden haben. Denn Kaspar Hauser, er will uns mehr denn je seine Hand reichen und uns behilflich sein auf unserem Wege, die zu werden, die wir zu werden vermögen.

In der hier erstmals zur Veröffentlichung gelangenden Erzählung gehe ich den von mir sehr geliebten Weg des Künstlerischen, um weitere Facetten des Mysteriums zu bewegen. Ich selbst hatte ja als Jugendlicher über den Weg der Künste Kaspar Hauser «kennengelernt». Und wie sehr liebte eben auch Kaspar Hauser das Schöpferische, sei es das Tanzen, das Schreiben, das Malen, das Musizieren!

Möge auch der Mensch sich aus seiner ihm drohenden Gefangenschaft befreien, um schöpferisch die Schöpfung zu lobpreisen.

Ansbach, Himmelfahrt 2024 *Eckart Böhmer*

VORTRAG I

Herzlich willkommen!

Was ist der Mensch? Dies ist die Frage, die uns Kaspar Hauser stellt. Und er stellt sie uns in aller Dramatik wie auch in aller Schönheit. Und warum stellt er sie uns? Er stellt sie, da im 19. Jahrhundert durch die Versäumnisse des Menschen eine solche Geistferne entstanden war, dass Rudolf Steiner es als das «gottverlassenste» aller Jahrhunderte bezeichnet. Der Mensch war so weit abgekommen von der Erkenntnis seiner eigentlichen Wesenheit und Identität, dass diese in Gefahr stand, abzureißen. Und so die wahre Geistigkeit dem Menschen abhandenkäme, so würde es ihm ergehen, wie es Kaspar Hauser in seinem Verließ ergehen sollte. Ja, diese Gefahr nimmt er zeichenhaft vorweg. Der Mensch würde zu einem «lebendig Begrabenen» degenerieren, zu einem geistig Verbannten. Denn dies war es, was intendiert war durch das okkulte Verbrechen gegen Kaspar Hauser. Das Ich des eingekerkerten Kindes sollte außen vorbleiben «in einem Zwischenreiche, nicht reine Geistgestalt und nicht reiner Erdenmensch, und wie in geistige Verbannung geraten». So die Worte Rudolf Steiners.

Doch dann geschieht das Wunder. Als das Kind zu Pfingsten 1828 in Nürnberg ausgesetzt wird aus dem Kerker, da ist es nicht an Geist, Leib und Seele zerstört, wie es dies an sich, nach langer Zeit der Tortur, hätte sein müssen. Stattdessen ruft es höchste Anteilnahme der

Menschen hervor, insbesondere aufgrund seiner paradiesischen Unschuld und engelgleichen Wahrhaftigkeit. Der Nürnberger Stadtgerichtsarzt Dr. Preu attestiert seinem Patienten gar «ein wahrhaft heiliges Wahrheitsgefühl».

Fünf Wochen etwa nach diesem Ereignis besucht dann der gewichtigste Rechtsgelehrte der Goethezeit, Anselm Ritter von Feuerbach, Kaspar Hauser im Nürnberger Stadtgefängnis, in das er gesteckt worden war, denn man wusste ja nicht, was mit ihm anzufangen und wohin mit ihm. Von da an wird Kaspar Hauser zu Feuerbachs entscheidendem Lebensmittelpunkt. Er selbst wird in einem Briefe aus dem Jahre 1830 schreiben: «Seit Jahren ist Kaspar Hauser der erste und wichtigste Gegenstand meines Beobachtens, Forschens und Sorgens, meiner höchsten Teilnahme als Mensch, Gelehrter und Staatsbeamter.»

Bei diesem Beobachten, Forschen und Sorgen aber stellt sich nun für ihn heraus, dass Kaspar Hauser tatsächlich einem Mysterium gleichkommt. Denn nicht nur sein plötzliches Erscheinen wie aus dem Nichts zu Pfingsten ist ein Kuriosum, sondern eben auch sein ganzes «geistiges, sittliches und physisches Wesen». Und so hebt nun Feuerbach in seinem berühmten Buch aus dem Jahre 1832 – «Kaspar Hauser oder Beispiel eines Verbrechens am Seelenleben des Menschen» – zu einem gewagten Vergleich an, in dem er schreibt, dass Kaspar Hauser ein «wie durch irgend ein Wunder auf die Erde herab versetzter Bürger eines anderen Planeten» sei oder eben «jenem Menschen aus Platons Höhlengleichnis ähnle, der, unter der Erde geboren und aufgewachsen, erst im Alter der Reife auf die Oberwelt zum Licht der Sonne heraufgestiegen.»

Kaspar Hauser scheint also so einzigartig zu sein, dass er von dieser Welt so einfach nicht zu stammen scheint. Entweder er kommt wie von oben auf sie herab versetzt, oder wie von unten aus ihr hervor gestiegen. Diese Frage nach Kaspars wahrer Herkunft spiegelt sich aber auch in einem gewichtigen Wort Rudolf Steiners aus dem Jahre 1925 wieder. In einem Gespräch mit Graf Polzer-Hoditz stellt er drei entscheidende, die Zukunft betreffende, Fragen, wobei eine davon eben heißt: «Woher kam Kaspar Hauser?» Also nicht: wer war respektive ist Kaspar Hauser, sondern eben: woher kam er? Als käme er tatsächlich wie aus einer anderen Zeit, aus einem anderen Raum, aus einer anderen Zugehörigkeit.

Gegen Ende seines Buches, das bis heute zu den allerwichtigsten Werken über das Kind Europas zählt, wählt Feuerbach dann jene markante Formulierung, die Titel meiner beiden Vorträge ist, dass nämlich Kaspar Hauser gleichsam wie «das einzige Geschöpf seiner Gattung» sei.

Würde dies aber nicht besagen, dass er der Gattung Mensch offenbar nicht so rechtens zugehörig wäre? Eine sehr schwierige Frage.

Diese Worte stehen aber nun in erstaunlicher Nähe zu einer Äußerung, die Rudolf Steiner mehrfach bezüglich der Gattung Mensch tätigte. So beispielsweise in seinem Werk «Theosophie» aus dem Jahr 1904. Da schreibt er: «Wer über das Wesen der Biographie nachdenkt, der wird gewahr, dass in geistiger Beziehung jeder Mensch eine Gattung für sich ist.» Und einige Seiten weiter sagt er nochmals: «Denn als geistiger Mensch ist eben jeder eine Gattung für sich». Erstaunlich! Was Rudolf Steiner anhand seiner Geistesforschung formuliert, entspricht aufs Höchste dem, was Feuerbach unmittelbar an Kaspar Hauser erlebt.

Es ist ja diese Tatsache, die das Menschsein so außerordentlich macht. Begegnen sich also zwei Menschen, so begegnen sich ja demzufolge zwei Gattungen, zwei für sich stehende Welten. Und dies kann nun zu zweierlei Qualitäten führen. Finden diese zwei Menschen eine Brücke zueinander, so vermag diese Begegnung größten Reichtum hervorzurufen, in dem nämlich nicht nur eine Addition beider Welten möglich ist, sondern gar eine Art Multiplikation, wenn nicht gar eine gegenseitige Potenzierung geschehen kann. Und dann vermag das Menschsein zu einem wahren Fest zu werden. Finden aber zwei Menschen keine Brücke zueinander, so kann es sein, dass Welten zwischen ihnen zu liegen scheinen, als gäbe es eine unüberbrückbare Kluft, als würden eben tatsächlich zwei Gattungen aufeinandertreffen, ohne der Empfindung einer wirklichen Zugehörigkeit. Und dies kann äußerst schmerzhaft sein.

Und so kommen wir zurück auf das «gottverlassenste» aller Jahrhunderte, in dem tatsächlich ein enormer Verlust drohte: die immer größere Kluft zwischen der Geistigen Welt und der Erde, die zu einem Riss hätte führen können. Dieser drohende Verlust ist es ja, der zum Ausdruck kommt in dem gewichtigsten uns bekannten Zitat Rudolf Steiners bezüglich Kaspar Hauser. In dem bedeutsamen Gespräch zwischen ihm und Ehrenfried Pfeiffer aus dem Jahre 1923 fällt ja jenes inzwischen oft zitierte Wort: «Wenn Kaspar Hauser nicht gelebt hätte und gestorben wäre, so wie er es tat, so wäre das Band der Geistigen Welt zur Erde vollkommen gerissen.»

Was aber heißt dies? Es heißt, dass dem Menschen tatsächlich drohte, dass etwas bezüglich seiner geistigen Identität abhanden hätte kommen können. Und er wäre demzufolge dann als Individuum keine Gattung mehr für sich gewesen. Die Qualität, «einziges Geschöpf seiner Gattung» zu sein, wäre ihm Schritt für Schritt verloren gegangen. Der Mensch wäre dann tatsächlich zu einer Quantität verkommen, die die jeweils einmalige Qualität eines jeden Individuums Mensch ersetzt hätte.

Schauen Sie: Ob sich in diesem Raum, sagen wir, 70 oder 71 Menschen befinden, das ist vom Standpunkt der Quantität nicht wirklich von Relevanz. Aber vom Standpunkt der Qualität ist es von höchster Bedeutung. Denn stellen Sie sich nur einmal vor, es wäre soeben von den hier Anwesenden auch nur ein einziger Mensch nicht hier, dann würde ja eine ganze Gattung fehlen, eine ganze Welt wäre dann soeben hier in diesem Raum nicht gegeben.

Niemals, niemals darf der Mensch zu einer Quantität verkommen, denn dann würde durchaus Tür und Tor offenstehen können für einen grausamen Gedanken wie beispielsweise der, die Zahl der Menschen dezimieren zu wollen.

Etwas von diesem Spannungsfeld zwischen Quantität und Qualität spiegelt sich tatsächlich wieder auch an dem Kunstgriff in Jakob Wassermanns Kaspar-Hauser-Roman, den Lehrer Meyer in Ansbach «Lehrer Quandt» zu nennen. Was Kaspar Hauser bei ihm zu erleben und zu erlernen hatte, nannte Feuerbach dessen «zweite Gefangenschaft». Keine physische, sondern eben eine geistig-seelische Gefangenschaft.

Wir dürfen also, als erste gewichtige Aussage des heutigen Vortrages, sagen: Als das Band zwischen der Geistigen Welt und der Erde abzureißen drohte und somit der Mensch in Gefahr stand, die Tatsache zu verlieren, dass ein jeder Mensch eine Gattung für sich ist, musste ein solch einzigartiges, dermaßen außerordentliches Wesen, als welches Kaspar Hauser von vielen Augenzeugen beschrieben wurde, in Erscheinung treten, um somit die Einzigartigkeit eines jeden Geschöpfes als geistiges Wesen aufrechterhalten zu können.

Etwas davon wird auch tangiert in einem Gespräch zwischen Ita Wegman und Rudolf Steiner. Sie schreibt:

«Und so erinnere ich mich an ein Gespräch, das ich mit Rudolf Steiner einmal haben konnte, in dem er über das bedeutungsvolle Geschehen sprach, das sich ereignete durch das geheimnisvolle Auftreten von Kaspar Hauser, das auch damals alle Welt beschäftigte. Er wies darauf hin, dass das Wesentliche eines solchen rätselhaften Geschehens gerade darin liege, dass alle Gemüter dadurch gezwungen waren, sich mit einem solchen durchaus ungewöhnlichen Ereignis zu beschäftigen, das aus dem Alltagsleben nicht zu verstehen war. Es war der Versuch der Geistigen Welt, die Menschen mitten in der meist materialistischen Zeit daran zu erinnern, dass es noch etwas anderes gibt, als was das philiströse Denken sich träumen lässt. Und so treten von Zeit zu Zeit solche wie Wunder wirkende Geschehnisse auf, die man nur durch ein Wissen von der Geistigen Welt verstehen kann, und die, weil sie so unergründlich sind, alle Menschen beschäftigen und die Menschen wieder an die Realität des Geistigen erinnern.»

Was also mögen die vielen Augenzeugen unmittelbar bezüglich Kaspar Hauser erlebt haben, dass Aussagen getätigt werden konnten wie beispielsweise die, dass Baron von Tucher, der offizielle Vormund Kaspar Hausers, fähig war zu sagen, dieser käme wie direkt «aus dem Paradiese, aus einer Zeit vor dem Sündenfall». Oder aber eben Anselm Ritter von Feuerbach, der schrieb, Kaspar Hauser sei «wie der Abglanz des Ewigen in der Seele eines Engels». Die erste Aussage ähnelt auf frappierende Weise der der Artus-Ritter, die in dem Werk des Wolfram von Eschenbach auf den jungen Parzival treffen und über ihn sagen, «ein schönres Menschenbild als ihn sah man nicht seit Adams Tagen». Und die zweite Äußerung deckt sich auf erstaunliche Weise mit der Aussage von Sigune, der Cousine Parzivals, die ihm bezüglich sagt, sein «holdes Antlitz», es sei «engelgleich».

Aber auch der Gefängniswärter in Nürnberg, Andreas Hiltel, formuliert so erstaunliche Worte wie: «Kaspar Hausers Unschuld sei ihm so gewiss, dass er sie würde bezeugen müssen, wenn Gott selber das Gegenteil behauptete.» Was muss dieser Mensch unmittelbar erlebt haben, um solch einen Satz sagen zu können? Und nicht zuletzt ist es Bürgermeister Jakob Binder, der Kaspar Hauser als ein «Pfand der Liebe» für seine Nürnberger Gemeinde sieht.

Es muss wirklich gefragt werden: Wer ist diese Wesenheit, die solche Wahrnehmungen hervorruft und solch eine Anteilnahme erfährt, seit ihrem Erscheinen in der Welt 1828 bis in unsere gegenwärtige Zeit? Und die andererseits mit größten Gegenkräften bekämpft wurde und wird, ebenfalls bis in unsere heutige Zeit hinein, in der sie weiterhin diskreditiert werden soll. Diskreditiert wird aber nur ein Wesen, das man schwächen will. Schwächen will man aber nur dann ein Wesen, so es als stark empfunden wird. Und alleine hier bereits bewahrheitet sich gewissermaßen auch die künstlerische Aussage Jakob Wassermanns, der schreibt, Kaspar Hauser werde «so mächtig im Tode sein, als er ohnmächtig im Leben war». Die Intensität der auch weiterhin anhaltenden Gegenkräfte um Kaspar Hauser weist auf dessen anhaltende «Macht» und auf seine einzigartige Größe hin, denn wo viel Licht, viel Schatten.

Wir können aber nicht so einfach nach der Identität dieses Kindes fragen, ohne erst gebührend uns bemüht zu haben in der Erkenntnis, dass es seine Mission als Kaspar Hauser ja sehr wohl hat erfüllen können. Das bereits ist sehr schwierig, ist Kaspar Hauser doch zuallererst einmal der Inbegriff für eine Individualität, die verhindert hat werden können in der Verwirklichung ihres eigentlichen Inkarnationsauftrages. Und dies ist umso gewichtiger, desto größer dieser Inkarnationsauftrag ist. Mitteleuropa sozial-politisch zu spiritualisieren im Sinne einer neuen Gralsburg, das war laut Rudolf Steiner die eigentliche Mission des Erbprinzen, der als «Königliche Hoheit Großherzog von Baden» regieren hätte sollen. All dies wurde verhindert, und der Goetheanismus «verpuffte», wie Rudolf Steiner sagt, und anstelle einer gesunden sozialpolitischen Entwicklung kam dann im 20. Jahrhundert das Gegenbild zustande, das man treffend benennen muss als die Manifestation einer neuen Gegen-Gralsburg.

So kommen wir also zu zwei großen Fragen: Wie ist es wirklich zu verstehen, dass Kaspar Hauser etwas Maßgebliches vollbrachte, trotz aller Verhinderung? Und dass das, was er vollbrachte, nochmals etwas ganz anderes ist, als das, was er ursprünglich hätte bewirken können.

Das ist der erste notwendige und wichtige Erkenntnisschritt. Und erst dann können wir uns der zweiten Frage widmen: Wer ist diese Wesenheit, die alleine durch die Art und Weise ihres Lebens und Sterbens Gewichtigstes aufrecht erhalten hat können?

Um es noch dezidierter auf den Punkt bringen zu können, müssen wir die bekannte Aussage Rudolf Steiners zu Kaspar Hauser einmal auf zwei Lesarten vortragen.

Die erste Lesart ist die der Art und Weise: «Wenn Kaspar Hauser nicht gelebt hätte und gestorben wäre, so *wie* er es tat, so wäre das Band der geistigen Welt zur Erde vollkommen gerissen.» Zur Betonung kommt also das «wie».

Und die zweite ist die nach dem «wer»: «Wenn *Kaspar Hauser* nicht gelebt hätte und gestorben wäre, so wie er es tat, so wäre das Band der geistigen Welt zur Erde vollkommen gerissen.»

Widmen wir uns in diesem ersten Vortrag nun also der erfüllten Tat Kaspar Hausers, die aus dem «wie» seines Lebens und Sterbens hervorgeht, die aber nicht mehr die ist, die er als Erbprinz hätte vollbringen können. Denn das nach vielen Jahren der Einkerkerung in die Welt ausgesetzte Kind konnte nun selbstverständlich nicht mehr sozial-politisch als Staatsmann agieren. Aber es vollbringt dann doch etwas, was aber wie auf einem ganz anderen Blatt zu stehen scheint. Es ist kein aktives, tätiges Leben, das etwas Neues hervorbringen hätte können, sprich die Gralsburg zu bilden, von der Rudolf Steiner sprach, sondern es ist ein durch und durch demütig opfervolles Leben, durch das «nur» etwas aufrechterhalten hat werden können. Wobei das Wörtchen «nur» natürlich denkbar falsch ist, denn das, was er aufrecht erhalten hat können, es ist das denkbar Größte.

Im zweiten Vortrag widmen wir uns dann dem, «wer» Kaspar Hauser ist, und werden dabei tatsächlich zu erkennen haben, dass Anselm Ritter von Feuerbach wirklich Recht hat, in dem er sagt, Kaspar Hauser sei das einzige Geschöpf seiner Gattung. Es stimmt: Ein solches Wesen war weit und breit, seit langen Zeitenläufen, kein zweites Mal mehr gegeben.

Wie also konnte das «Kind Europas» etwas von höchster Tragweite vollbringen? Und dies nur aufgrund der Art und Weise seines Lebens und Sterbens.

Wenn wir die fünfeinhalb Jahre dieses Kindes in der Welt verinnerlichen, dann gelangen wir zu der einzigen möglichen Antwort. Es ist die Innigkeit seiner Christus-Begegnung, die zu seiner erfüllten Mission führt.

Es ist neben seiner Wahrhaftigkeit, seiner Unschuld, Reinheit und Friedfertigkeit, neben seiner Güte, Milde und Liebenswürdigkeit, vor allem die Gabe seines tief empfundenen Mitgefühls, das ihn in höchste Begegnung zu Christus und zu dem Mysterium von Golgatha führt.

Bereits kurz nach seiner Aussetzung war zu vernehmen, dass er keinem Wurm, keiner Fliege etwas antun konnte und dass er den Schmerz des Anderen als den Seinigen empfand. Ja, selbst das in Holz geschnitzte Kruzifix schmerzt ihn zutiefst und empört sagt er, man müsse diesen Mann doch da abnehmen, das tue ihm doch furchtbar weh. Später sagt er, er denke deswegen ungern an seinen Gefängniswärter zurück, da er, Kaspar Hauser, sich dann vorstellen müsse, was dies für ein Schmerz für den Gefängniswärter gewesen sein musste, dieses Verbrechen zu begehen. Und im Jahre 1833, als er dann bereits Todesahnungen hatte, sagt er zu dem Bayerischen König Ludwig dem Ersten, dieser solle verlautbaren lassen, dass all den Tätern, die gegen ihn, Kaspar Hauser, wirkten, keinerlei Strafe drohen solle, nur so könne er sich seines Lebens sicher sein. Statt also den König aufzufordern, seine Macht einzusetzen, um die Täter hinter Schloss und Riegel zu bringen, spricht er sie Alle frei. Und tatsächlich ist niemals auch nur ein einziger der Aggressoren gegen Kaspar Hauser vor ein irdisches Gericht gestellt worden.

Und selbst auf dem Totenbett, nach dem er brachial niedergestochen worden war, wird er die Täter freisprechen. Keiner habe ihm etwas getan, so antwortete er auf die Frage, ob er noch jemandem etwas zu verzeihen habe.

Stattdessen bittet er Alle um Verzeihung. Das Opfer bittet die Täter um Verzeihung, dass sie an ihm zu Tätern wurden. Und der weitere, wunderbare Satz, den er dann verlautbaren lässt, ist der, dass Gott ihm immer nur die besten Menschen gegeben habe. Und dies trotz aller um ihn waltenden Niedertracht! Er nimmt sein Schicksal vollkommen an, liebt die Feinde gesund und stirbt mit den Worten: Nicht mein Wille geschehe, sondern der Deinige.

Auch all die spezifischen Qualitäten hinsichtlich der Zeit, des *spiritus temporis*, sind außerordentlich an ihm. Er wird zu Michaeli geboren – das heißt, dass seine Konzeption in der Zeit der «Heiligen Nächte» geschah –, wird dann zu Pfingsten ausgesetzt, wird in der Adventszeit ermordet und wird kurz vor Weihnachten beigesetzt. Und selbst bezüglich Ostern gibt es ein starkes Ereignis. Als er im Frühjahr 1829 erstmalig auf Ostern zuging, hatte er vierzehn Tage vor dem Gründonnerstag, dem Tag der erstmaligen Transsubstantiation, einen Traum, er müsse just an diesem Tage sterben, in dem er einen glänzenden Kranz anzunehmen habe. Und er ringt in dem Traum mit der Annahme dieses Kranzes, sprich seines Todes, denn er wolle noch nicht sterben, da er doch erst so kurz auf dieser Welt sei, bis er ihn dann doch annimmt, zustimmt seinem bald zu erfolgendem Tode. Und auch wenn er nicht zu Ostern 1829 stirbt, so steht sein Tod tatsächlich doch im Zusammenhang mit seiner Konfirmation, seiner erstmaligen Aufnahme des Sakramentes von Brot und Wein, am 20. Mai 1833, nach der dann seine Ermordung definitiv beschlossen wird.

Der innigste Zeuge von Kaspar Hausers Christus-Begegnung ist Pfarrer Heinrich Fuhrmann in Ansbach. Er hat ab Oktober 1832 über etwa sieben Monate bis zu acht Stunden die Woche Einzelkonfirmationsunterricht mit dem Kind, das dabei in größte Erschütterung gerät. Nicht zu stillen seien Kaspar Hausers Tränen gewesen, als er sich zu verinnerlichen hatte, dass die Menschen die höchste Gottheit ans Kreuz genagelt hatten. Und ab Herbst 1833 nimmt Fuhrmann aus eigenem, innerem Impuls heraus den Unterricht wieder auf, der ja mit der Konfirmation an sich abgeschlossen war, und lehrt dem mehr und mehr vereinsamenden Kinde die Gleichnisse Christi. Und so wird das letzte Gleichnis, das ihm am 14. Dezember 1833, dem Tag des Attentates, gelehrt wird, das Königliche Hochzeitsmahl sein, Matthäus 22. Dies aber ist das große «michaelische» Gleichnis. Also auch hier schließt sich, bezüglich Geburt und Tod, gewissermaßen der Kreis.

Kaspar Hausers Schmerz angesichts der Passion Christi wird, neben Pfarrer Heinrich Fuhrmann, auch durch Rudolf Steiners Erkenntnismöglichkeiten bestätigt, in dem er sagt, dass «nächst Christian Rosenkreutz Kaspar Hauser am stärksten die Leiden des Christus nachempfunden habe». Wie ist dies zu verstehen? Was mag geschehen sein in diesem Mitleiden?

Um dieses Mysterium nun verinnerlichen und tatsächlich ins Bewusstsein heben zu können, bedarf es der Geisterkenntnis Rudolf Steiners. Vor allem sind es jene Vorträge, die unter dem Titel vereint sind: «Das Prinzip der spirituellen Ökonomie im Zusammenhang mit Wiederverkörperungsfragen», die uns entscheidende Hilfe sein können. Vorträge, die im Jahre 1909 in verschiedenen Städten gehalten wurden.

Das Grundprinzip ist dies, das alles, was von tatsächlichem, wahrem Wert in dieser Welt ist, nicht verloren geht.Was für ein Trost, was für ein Segen! Und nicht nur geht das, was von wahrem Wert ist, nicht verloren, sondern es kann sich tatsächlich sogar noch vervielfältigen, multiplizieren, so wie wir es kennen von dem Weizenkorn, das, so es stirbt, mannigfache Frucht zu bringen vermag.

Insbesondere zeigen die Vorträge Rudolf Steiners verschiedene Wege auf, wie beispielsweise hoch entwickelte Ätherleiber und Astralleiber dem Prinzip der spirituellen Ökonomie unterworfen sein können. Vor allem sind es vier Prinzipien, auf die Rudolf Steiner verweist. Das erste, recht bekannte Beispiel ist die Fähigkeit des Zarathustra, seinen hochentwickelten Astralleib an Hermes zu «überreichen», aus dem heraus dieser die erstaunlichen Fähigkeiten entwickelt, die ägyptische Kulturepoche zu gestalten. Und an Moses «überreicht» er seinen hochentwickelten Ätherleib, aus dem heraus dieser die Fähigkeit hat, in der Akasha-Chronik zu lesen, um daraus die uns bekannten Bücher zu verfassen.

Ein weiteres Prinzip zeigt Rudolf Steiner auf in dem Wirken des großen Atlantischen Sonneneingeweihten, dem Manu, der im Übergang zu den nachatlantischen Kulturepochen die hoch wertvollen Ätherleiber der Eingeweihten der weiteren atlantischen Orakelstätten, wie beispielsweise dem Mars-, Venus- oder Jupiter-Orakel, wie «mitnahm», um sie dann jenen Menschen einzuverleiben, die in der altindischen Kulturepoche dadurch zu den großen sieben Heiligen Rishis haben werden können. Dadurch waren diese befugt, die erste nachatlantische Kulturepoche mit ihrer Weisheit zu prägen.

Ein drittes Prinzip zeigt Rudolf Steiner beispielhaft auf in der Vervielfältigung des Ätherleibes des Sem, des ältesten Sohnes Noahs. Dieser Ätherleib ist ebenfalls so wertvoll, dass er in unzähligen Abbildern vervielfältigt hat werden können, um dann in dem semitischen Volk zum Tragen zu kommen.

Das vierte von Rudolf Steiner besprochene Prinzip ist nun das, was für die heutigen Vorträge angesichts Kaspar Hausers von ganz besonderer Bedeutung ist. Und diesem Prinzip widmet Rudolf Steiner auch seine größte Aufmerksamkeit.

Zusammengefasst kann gesagt sein: Von Zeit zu Zeit kommt es in der Menschheitsentwicklung dazu, dass höhere hierarchische Wesen sich mit einem edlen, hochentwickelten Menschen verbinden, um anhand dieses Opfers die Menschheit in ihrer Entwicklung weiterzutragen. Dieses Prinzip kam in alten Zeiten des öfteren vor, als der Mensch noch gleich einem «ABC-Schützen» der unmittelbaren Hilfe bedurft hatte. Je länger der Mensch aber auf der Erde verweilt, desto mündiger sollte er ja werden, sodass dieses helfende Prinzip sich Schritt für Schritt verringerte, nicht aber völlig zum Erliegen kam. Solch eine sich opfernde höhere Wesenheit, die für sich durch dieses Geschehen keinerlei Gewinn hat, wird ein Avatar genann. Dies besagt in der Sanskritsprache nichts anderes als den Vorgang eines «Herabsteigens». Es ist jedoch, so könnte man sagen, ein «unscharfer» Begriff, da er nicht besagt, aus welcher Hierarchie diese Wesenheit herabsteigt. Und der Hierarchien gibt es nun einmal viele. Der höchste aller möglichen Avatare aber nun ist der Christus, auf den Rudolf Steiner in den erwähnten Vorträgen nun ausgiebig zu sprechen kommt.

Es ist sehr wichtig, dass wir uns dieses alt anmutenden Begriffes des Avatares annehmen, denn dieser Begriff hat nun Einzug erhalten in die moderne Welt der Virtualität. Heute ist es längstens möglich und weitverbreitet, dass Menschen unzählige, vervielfältigte Abbilder ihrer selbst im virtuellen Netz zum Einsatz kommen lassen, die dann an ihrer statt in den virtuellen Welten zum «Leben» gelangen. Der Mensch wird dann vertreten durch vervielfältigte Abbilder seiner selbst. Der nächste Schritt aber ist dann der, dass er ersetzt werden kann durch eben diese seine Abbilder.

Wenn nun ein solch hoher und höchster Avatar wie der Christus sich mit einem erlauchten, edlen menschlichen Wesen verbindet, und wie wir wissen nimmt diese «Vermählung» mit der Jordantaufe ihren Anfang, dann kommt es eben zu dem, was Rudolf Steiner das Prinzip der spirituellen Ökonomie nennt. Durch den enormen «Kräfteüberschuss» der Avatar-Wesenheit kommt es zu einer Vervielfältigung der verschiedenen Wesensglieder, die durch den Zusammenschluss von Mensch und hierarchischem Wesen entstehen. Und diese werden dann in den folgenden Zeitenläufen in der geistigen Welt wie aufbewahrt, um sie zu gegebener Zeit erlauchten Menschen einzuverleiben. Diese Gesetzmäßigkeit führt nun zu der eigentlichen Fortentwicklung des ursprünglichen Impulses der Avatar-Wesenheit und auch zu einem tieferen Verständnis der Entwicklung des Christus-Impulses auf Erden.

Und dann gibt Rudolf Steiner einige exemplarische «Einverleibungen» an. So ist der vervielfältigte Ätherleib des Christus Jesus beispielsweise in einem Abbild zu erleben in Augustinus, und seine Größe ist letzten Endes genau dadurch auch nur zu greifen. Eine Vervielfältigung nun der Empfindungsseele des Christus Jesus ist dann beispielsweise wirksam in solch außerordentlichen Menschen wie Franz von Assisi oder Elisabeth von Thüringen. Eine ungemeine Liebeskraft spricht durch sie hindurch, und nicht unbedingt ist das Ich dieser Menschen auf gleicher Höhe mit dieser in ihnen wirkenden Kraft, sodass durchaus innere Konflikte daraus entstehen können.

Die Verstandesseele des Christus Jesus in ihren Abbildern wirkt dann beispielsweise in den großen Scholastikern, wobei Rudolf Steiner interessanterweise nur in wenigen Vorträgen den Namen des größten aller Scholastiker nennt, Thomas von Aquin, ist er es doch selbst in einer früheren Inkarnation. Dieses spirituell komplexe Ereignis ist einer der Schlüssel, um die ungemeine Größe Rudolf Steiners zumindest erahnen zu können.

Und dann geht durch die Zeiten der Christus-Impuls weiter und es werden Abbilder seiner Bewusstseinsseele jenen Menschen einverleibt, die hierfür «auserkoren» sind. Hier nun sind es die deutschen Mystiker, wie Meister Eckart und Johannes Tauler, die Rudolf Steiner erwähnt. Ungemein intensiv können sie von einem Christus sprechen, der nun nicht mehr ausschließlich im «Außen» gegeben ist, sondern in ihrem Inneren zur Wirksamkeit gelangt. Höchste Inbrunst war daher die Charakteristik, in der von Christus Jesus gesprochen werden konnte, gesprochen werden musste. Und es versteht sich fast von selbst, dass dies für die öffentliche Kirche fast zu inbrünstig und somit von blasphemischem Charakter war.

Und nun berühren wir das edelste und somit auch «heiligste» Prinzip, in dem das vervielfältigte Ich des Christus Jesus in Abbildern zur Einverleibung gelangen will. Und wer, wenn nicht eben Christian Rosenkreutz ist hier nun zu bedenken! Der einst bereits durch Christus Jesus als Lazarus-Johannes in ein neues Leben hat kommen können, der dann zu jenem Jünger wurde, den Christus Jesus lieb hatte, der dann als einziger der Jünger unter dem Kreuze auf Golgatha hat stehen können und dem dann in den vierzigtägigen Gesprächen des

Auferstandenen das zukünftige Christentum anvertraut wurde. Es geschieht in einer recht kurzen Inkarnation im 13. Jahrhundert sowie dann in einer recht langen Inkarnation im 14. und 15. Jahrhundert, dass er zum Christus-Diener in höchstem Maße hat werden können und das Christus-Jesus-Ich in einem Abbild einverleibt bekam. Und dieses Mysterium ist es insbesondere, das ihn von so ungeheuerlich großer Bedeutung für die weitere Entwicklung des Menschen auf Erden macht. Dieses Prinzip aber, und dies gilt es zu verstehen und zu würdigen, dieses Prinzip steht für jeden Menschen bereit. Ja, mehrmals sagt und betont Rudolf Steiner, dass diese Abbilder des Christus-Jesus-Ich in der geistigen Welt auf uns warten, sie warten auf uns. Und dieses Mysterium ist es letzten Endes, das wir auch die Grals-Suche nennen, den Grals-Weg. Wir selbst sind es, die über den Weg der Inkarnationen aufzusteigen vermögen, um Schritt für Schritt, Stufe um Stufe, würdig zu werden, das Ich des Christus Jesus in einem Abbild in uns aufzunehmen. So wie damals der Kelch auf Golgatha das Blut aufnahm, das da ist der Träger des Ichs, so können wir selbst zum Gral, zum Träger des vervielfältigten Christus-Jesus-Ich werden.

Bedenken wir nun aber nochmals die zu Beginn des Vortrages erwähnte Gefahr, dass das Band zwischen der Geistigen Welt und der Erde im 19. Jahrhundert durch die Versäumnisse des Menschen abzureißen drohte, so können wir nun dieses Zitat Rudolf Steiners bereits dezidierter formulieren: Der Weg des Menschen war so diesseitig, so irdisch schwer geworden, dass die Möglichkeit zur Erlangung der spirituellen Reife, um solch ein Wesensglied einverleibt bekommen zu können, in immer größere Ferne rückte, bis diese Möglichkeit gänzlich abhanden hätte kommen können. In Kaspar Hauser geschieht also ein Opfer, durch dass diese potentielle Einverleibung für einen jeden Menschen weiterhin bewahrt hat werden können. Daher weist er ja auch solch eine Nähe zu Parzival auf. Er, der einst als Staatsmann eine neue Gralsburg hätte bauen können, daran aber gehindert wurde, hält nun den Grals-Weg, sprich die Grals-Suche für den Menschen aufrecht. Wie anders aber als durch die Tatsache, dass er selbst sich aufs Höchste mit dem Christus Jesus verbinden hat können. Und daraus ist eben jenes große Zitat Rudolf Steiners zu verstehen, dass nächst Christian Rosenkreutz es Kaspar Hauser war, der am stärksten die Leiden des Christus Jesus nachempfunden habe.

Ja, so wie Kaspar Hauser eine Nähe zu Parzival aufweist, so weist er eben auch eine Nähe zu Christian Rosenkreutz auf. Dies zeigt sich ja auch an dem weiteren, sehr gewichtigen Zitat Rudolf Steiners, dass «Kaspar Hauser eine Wesenheit sei, die von Anfang an inspirierend gewirkt habe in den Rosenkreuzer-Zusammenhängen».

Bezüglich dieser gegebenen Nähe können wir sagen: Der zu Michaeli 1812 in Karlsruhe geborene Erbprinz hätte eine ähnliche, sogar noch weiterführende sozialpolitische Tat in Mitteleuropa bewirken können, wie zuvor bereits der Graf von Saint Germain bemüht war, sie zu vollbringen. Und dieser Graf von Saint Germain ist ja eine exoterische, weltlich wirkende Inkarnation des großen Meisters des esoterischen Christentums, Christian Rosenkreutz. Als aber dieser Inkarnationsaufrag des Erbprinzen vereitelt hat werden können, vollbringt Kaspar Hauser dann stattdessen eine ganz ähnliche Tat zu der des Christian Rosenkreutz, und dies eben durch seine höchste, innigste Begegnung mit dem Christus Jesus!

Und all dies wird in klarer Signatur nochmals dadurch unterstrichen, in dem ja Kaspar Hauser diese höchste Christus-Jesus-Begegnung just in der Schwanenritterkapelle zu Ansbach erleben hat können, als er erstmalig an dem Sakrament von Brot und Wein teilhatte. Er, der selbst von Wasser und Brot kam, kommt nun zu Brot und Wein! Das Motiv des Schwanes aber, das wissen wir, ist das esoterische Symbol eines Mysterienschülers, der so hoch aufgestiegen ist, dass er auf sich und seinen Namen in der Welt gänzlich zu verzichten vermag, um ganz zum Träger des Höheren und Höchsten werden zu können. Tatsächlich hatte Jesus, so Rudolf Steiner, diesen Grad errungen gehabt, als er auf dem Wege zum Jordan dann zum Träger des Christus hat werden können.

Dies also ist das Mysterium, durch das wir verstehen können, dass Kaspar Hauser doch etwas bewirkt hat in der Welt, auch wenn er nichts hat hervorbringen können. Das größte Band, das zu reißen drohte, es ist ja eben nichts und niemand anderes, als eben der Christus selbst, der Himmel und Erde verbindende Christus-Impuls. Zu schwach hatte sich der Mensch über Jahrhunderte, vor allem seit dem Beginn des Bewusstseinsseelenzeitalters, mit ihm verbunden. Und anhand dieser innersten Begegnung mit diesem «Band» konnte Kaspar Hauser dann auch in solch einer Weise gestärkt werden, dass er einige Monate darauf so hat sterben können, wie er es tat. Aber auch das Band wird gestärkt durch das Kind, in dem es sich mit ihm verbindet. Denn hierbei geschieht selbstverständlich eine Wechselwirkung, ein Geben und Nehmen. So wie das Kind gestärkt wird, so wird auch das Band neu impulsiert, es wird verjüngt und befeuert, sodass es nicht reißt.

Mit anderen Worten, bezugnehmend auf das Matthäus-Evangelium, können wir sagen: Da der Mensch nicht zur Genüge umkehrte und wurde wie jenes Kind, das Christus Jesus in die Mitte der Jünger stellte, nahm sich Kaspar Hauser dieser Notwendigkeit an und wurde diesem Kinde so ähnlich als möglich, um dadurch den Weg des Menschen ins Himmelreich aufrechterhalten zu können. Denn diesen Weg ins Himmelreich, sprich, diesen Aufstieg bis hin zu dem noch weit zukünftigen Geistesmenschen, den können wir nur erringen kraft des in uns gegebenen Christus-Jesus-Ichs in seiner Vervielfältigung.

Um noch tiefer in Berührung zu kommen mit Kaspar Hausers inniger Christus-Jesus-Begegnung, müssen wir uns nun aber noch einen weiteren Sachverhalt vergegenwärtigen. Und dies berührt nun bereits die Frage nach dem, wer Kaspar Hauser ist. Dies wird ja der inhaltliche Schwerpunkt des zweiten Vortrages sein. Aber bereits hier an dieser Stelle müssen wir uns nochmals erinnern daran, dass ja Rudolf Steiner auf die Frage hin, ob er eine vorhergehende Inkarnation Kaspar Hausers angeben könne, mit den schwierigen und gewichtigen Worten antwortete, dass er keine vorhergehende noch nachfolgende Inkarnation des Kaspar Hauser finden hat können, da dieser ein «versprengter Atlantier» sei. Nun wird es also noch komplexer, und daher können Sie verstehen, warum ich eine Nähe des Kaspar Hauser zu Manes-Parzival, eine Nähe des Kaspar Hauser zu Christian Rosenkreutz-Saint Germain benenne und doch eben sagen muss, es ist «nur» eine Nähe gegeben, sie sind jeweils aber nicht identisch, nicht «deckungsgleich». Kaspar Hauser ist nochmals komplexer zu denken in seiner Wesenheit als es diese beiden großen Meister des esoterischen Christentums sind.

Wenn aber Kaspar Hauser seit der Zeit der alten Atlantis nicht inkarniert war, dann müssen wir nochmals erschüttert uns verinnerlichen, dass er also den

Christus-Impuls vom Standpunkte der Erde aus gar nicht kannte. Zur Zeit der Alten Atlantis hatte der Christus ja noch die Sonne zur Wohnstätte inne und es lag noch in weiter Ferne, dass er diese eines Tages verlassen würde, um sich mit der Erde zu vereinen. Das heißt aber, dass die Wesenheit, die den Namen Kaspar Hauser trägt, tatsächlich erstmalig vom Standpunkte der Erde aus von der Passion Christi erfährt. Nicht nur war also in seinem Leben der Moment gekommen, dass er zum ersten Male davon hörte und ungemein erschüttert darüber war, sondern er hatte dies tatsächlich noch nie vom Standpunkte der Erde aus erlebt, selbst auch nicht in früheren Zeiten. Und das ist nochmals erschütternder. Sicherlich kannte er den Christus, das darf bei allem, was wir von der Kaspar Hauser Wesenheit mittlerweile wissen, gesagt sein, aber er kannte ihn eben nicht vom Standpunkte der Erde aus. Und so bricht er in ein nicht zu stillendes Weinen aus, als Pfarrer Fuhrmann ihm die Passion nahebringt. In alten, ehrwürdigen Gemälden können wir bei der Darstellung der Kreuzigung manchmal sehen, wie die Sonne selbst darüber in Tränen ausbricht, dass der hohe Sonnengeist von ihr gegangen war und auf der Erde ans Kreuz geschlagen wurde.

So halten wir am Ende dieses ersten Vortages nochmals fest: Am Tag des Sonnenerzengels wird in der Sonnenstadt Karlsruhe eine sonnenhafte Individualität geboren, die eine weitere Durchchristung des Sozialen Organismus von der Mitte Europas aus impulsieren hätte können. Dies aber konnte verhindert werden. Als Kind Europas aber wird sich diese königliche Individualität sattdessen dann selbst auf eine Art und Weise mit dem Sonnengeist verbinden, dass dadurch das Band, sprich der lebendige Christus, gestärkt hat werden können.

Der weitere Aufstieg des Menschen an sich konnte somit bewahrt werden. Dieser aber ist aufs Höchste dadurch gegeben, dass ein jeder Mensch sich über die weiteren Zeitenläufe mit einem vervielfältigten Abbild des Christus-Jesus-Ich verbinden kann. Diese Abbilder, so Rudolf Steiner, sie warten auf uns. «Denn niemand kommt zum Vater, denn durch mich», so die Worte des Christus Jesus.

Lassen wir nun zum Abschluss nochmals Kaspar Hauser selbst zu Wort kommen. In den Aufzeichnungen Georg Friedrich Daumers, des großen Lehrers Kaspar Hausers in Nürnberg, können wir lesen:

> *«Kurz nachdem Kaspar Hauser in der Welt erschienen war,*
> *fragte er einmal, warum, wenn Christus vom Tode erstanden,*
> *die Menschen nicht auch wieder aufstehen könnten.*
> *Als man ihm antwortete, das käme daher, weil Christus*
> *nicht bloßer Mensch, sondern zugleich Gott gewesen,*
> *so sagte er, die Menschen sollten aber auch so viel lernen,*
> *dass sie Gott würden».*

Kaspar Hauser also, der vom Menschen alles zu erlernen hatte, was dieser für gewöhnlich längstens vermochte, fordert nun seinerseits uns Menschen auf, ebenfalls Lernbereitschaft zu zeigen, um die zu werden, die wir durch die Gnade der Geistigen Welt zu werden vermögen.

Ich danke Ihnen sehr herzlich für Ihre Aufmerksamkeit!

VORTRAG II

Herzlich willkommen
zum zweiten Vortrag!

Kaspar Hauser ist eine Wesenheit, die uns die Frage stellt: was ist der Mensch? Und er zeigt uns die größte Gefahr auf, die dem Menschen auf seinem weiteren Erdenweg droht, die Gefahr, ein lebendig Begrabener, ein geistig Verbannter zu werden. Aber zu gleicher Zeit bringt er auch das daraus Errettende hervor, ganz im Sinne des großen Hölderlin-Verses: «Wo aber Gefahr ist, wächst das Rettende auch». Es ist die Art und Weise seines Lebens und Sterbens, die, historisch gesehen, den Riss zwischen geistiger Welt und Erde zu unterbinden vermochte. Darüber hinaus gibt er uns Heutigen aber auch genau die Tugenden an die Hand, derer der Mensch bedarf, um weiterhin aufzusteigen, um die zu werden, die wir durch die Gnade der Geistigen Welt zu werden vermögen. Seine Wahrhaftigkeit, seine Güte und Milde, seine Unschuld und Reinheit, seine höchste Gabe des Mitgefühls, der Schicksalsannahme und der Feindesliebe, all diese Fähigkeiten wird ein jeder Mensch zu erlernen haben, um zur zehnten Hierarchie, sprich zu Geistern der Freiheit und der Liebe, Stufe um Stufe, erwachsen zu können.

Und tatsächlich schreibt Kaspar Hauser bereits im Jahre 1829 den Sinnspruch: «Die Tugend ist das Einzige, was uns zu Erben der Unsterblichkeit und der Gottheit ähnlich machen kann.»

Durch Kaspar Hausers Opfer konnte der Mensch also weiterhin den Weg der Bewusstseinsseelenentwicklung gehen, der sonst für lange Zeitenräume zum Erliegen gekommen wäre. Der Repräsentant dieser Entwicklung aber ist Parzival, und daraus ist bereits die große Nähe des Kindes von Europa zu jenem hohen Meister des esoterischen Christentums, Manes-Parzival, abzuleiten: Kaspar Hauser hält den Entwicklungsweg aufrecht, für den Parzival repräsentativ steht. Und daher musste er ihm so ähnlich als möglich werden.

Der aber aufs Höchste sich diesem Bewusstseinsseelenweg der Menschheit verantwortende Meister des esoterischen Christentums, dies ist Christian Rosenkreutz. Und diesem nun steht Kaspar Hauser durch sein Leben und Sterben zur Seite und kommt ihm gewissermaßen zur Hilfe!

Als «Königliche Hoheit Großherzog von Baden» hätte der Erbprinz den Impuls des Grafen von Saint Germain, die Durchchristung des sozial-politischen Organismus von Europa aus, weiterführen können, als Kind Europas aber vollzieht er dann eine dem Christian Rosenkreutz entsprechende Tat. Auch ihm wird er gewissermaßen auf innigste Weise ähnlich.

Wer aber nun ist Kaspar Hauser? Das ist die große Frage, die aufkommen muss. Und dieser Frage widmen wir uns nun in diesem zweiten Vortrag, in dem wir nochmals das größte uns bekannte Zitat Rudolf Steiners zu Kaspar Hauser in folgender Lesart betonen: «Wenn *Kaspar Hauser* nicht gelebt hätte und gestorben wäre, so wie er es tat, so wäre das Band der geistigen Welt zur Erde vollkommen gerissen.»

Wobei wir uns aber tatsächlich fragen müssen: Ist dies denn eines Menschen Maß? Ist es wirklich möglich, dass ein Mensch solch eine Rettung bringende Tat, nur kraft seines Lebens und Sterbens, zu bewirken vermochte?

Als er in Nürnberg ausgesetzt wurde, fragte man sich ja tatsächlich, mit was für einem einzigartigen Wesen man es zu tun hatte. Und die Wahrnehmungen gingen dabei diametral auseinander. Einerseits sprach man von einem «Halbwilden», von einem «Wolfskind», von einem «Tiermenschen», und anderseits von einem «Unschuldskind», von einem «Paradiesmenschen», ja gar von einem «Engel».

Fest steht, Kaspar Hauser scheint kein Mensch des 19. Jahrhunderts zu sein, er wurde ja gewissermaßen als völlig unzeitgemäß angesehen. Entweder kam er viel zu spät, oder aber viel zu früh. Dies entspricht ja auch jenem berühmten Vers des französischen Dichters Paul Verlaine aus dem Jahre 1873, darin er Kaspar Hauser die Frage in den Mund legt: «Kam ich zu früh, zu spät?»

Fest steht aber auch, dass wir nicht einfach sagen können, dass Kaspar Hauser ein Engel war. Denn ein Engel hat nun einmal keinen physischen Leib. Und ein Engel hätte wohl auch kaum vermocht, tagtäglich mit seinen Ministern arbeitend, das Land sozial-politisch weiterzuentwickeln.

Diese Frage nach der wahren Wesenheit des Kaspar Hauser wird ja auch gerade dadurch sehr kompliziert, da Rudolf Steiner sagt, dieser sei ein «versprengter Atlantier», also ein Wesen, das aus seiner eigentlichen Zugehörigkeit wie versetzt worden war und über mindestens, sagen wir, 10.000 Jahre nicht inkarniert war. Aber auch hierbei muss die Frage aufkommen: Hätte denn ein solcher Atlantier sozial-politisch im 19. Jahrhundert wirken können? Oder hätte er nicht vielmehr sagen müssen: «Mein Reich ist doch gar nicht von dieser Welt! Ich kenne doch all die nachatlantischen Kulturepochen gar nicht. Ich habe doch keinerlei Erfahrungen mit ihnen. Und daher liegt es auch außerhalb meiner Gabe, sie vom Standpunkte der Erde aus weiterzuentwickeln.»

Und andererseits müssen wir nun auch mehr und mehr die Gegenkräfte in ihrem Wirken erkennen lernen, tatsächlich denken lernen. Denn diese hatten ja offenkundig mit dem Kommen einer hohen Wesenheit gerechnet, deren Inkarnation ja wirklich sehr exponiert war: Am Tag des Sonnenerzengels, in der Sonnenstadt Karlsruhe, wird der Erbprinz in ein alt-ehrwürdiges Adelsgeschlecht hinein geboren, das den besonnensten aller deutschen Fürsten damaliger Zeit hervorbrachte: Karl Friedrich. Und darüber hinaus ist er, durch seine Mutter Stephanie de Beauharnais, zudem noch Adoptiv-Enkel des neuen, selbsternannten französischen Sonnen-Caesars, der zu diesem Zeitpunkt sich im brennenden Moskau befand und zum Paten des Kindes auserkoren war.

Diese Inkarnation war tatsächlich ungemein exponiert. Und daher konnte das Kind auch durch die Gegenkräfte ausfindig gemacht werden, um es dann in eine okkulte Gefangenschaft zu stecken, um es dadurch über lange Zeiträume wirkunfähig zu machen, gefangen in einem Zwischenreiche, «nicht reine Geistgestalt, nicht reiner Erdenmensch.» Das ist nochmals ein weiterführender Schritt im Willen des Bösen, nicht das Kind einfach «nur» zu töten, dann hätte es ja wiederum aus der Geistigen Welt heraus wirken oder sich auch rasch zu anderer Zeit anderen Ortes wieder inkarnieren können – und es wäre ihnen dadurch erneut wie «entfleucht» –, sondern es galt die «Gunst» der Stunde zu nutzen, um seiner habhaft zu werden, um es so zu zerstören an lebendigem Leibe, dass es über lange Zeitenräume weder hier noch dort, weder im Himmel noch auf Erden, zum Wirken gelangen hätte können.

Die okkulten Gegenkräfte hatten also mit der Inkarnation einer Wesenheit gerechnet, die die Welt sehr wohl sehr gut kannte. Das heißt mit einer Wesenheit, die daher wohl auch oft, wenn nicht gar sehr oft, inkarniert war, und daher auch okkult in ihrem Kommen abzulesen und erkannt hat werden können.

Denn eine Wesenheit, die aus der alten Atlantis einberufen wurde, und die wie außerhalb ihres eigentlichen Zugehörigkeitsbereiches lag und daher von Rudolf Steiner als «versprengt» bezeichnet hat werden können, solch eine Wesenheit hätte wohl kaum von den Gegenkräften in ihrem Kommen erkannt werden können. Das wäre nochmals jenseits ihrer okkulten Möglichkeiten gelegen.

Und so müssen wir nun den entscheidenden Gedankenschritt finden. Kaspar Hauser ist weder ein Mensch des 19. Jahrhunderts, noch ist er einfach ein höheres hierarchisches Wesen. Was aber ist er? Er ist kein «Dies-noch-das», er ist ein «Sowohl-als-auch». Er ist sowohl ein erdenerfahrener Mensch von höchster Güte, der die Fähigkeit zu einer Spiritualisierung des sozial-politischen Organismus in sich trug, auch daher, da er die Welt sehr wohl sehr gut kannte und somit auch von den Gegenkräften in seinem Kommen abgelesen hat werden können. Und er ist darüber hinaus ein höheres hierarchisches Wesen, das, aus der alten Atlantis kommend, zu einem Zeitpunkt einberufen wurde, als höchste Gefahr bestand.

Und daher habe ich im Laufe der nun 33 Jahre des geistigen Forschens unterscheiden gelernt zwischen dem, den wir den Erbprinzen nennen, und dem, den wir Kaspar Hauser nennen. Der Erbprinz ist der hochentwickelte, erdenerfahrene Mensch, Kaspar Hauser aber ist der Zusammenschluss dieses hochentwickelten Menschen mit einer nochmals höheren hierarchischen Wesenheit. Dieser Zusammenschluss, dieses Opfer war notwendig, als allergrößte Gefahr drohte. Und daher erscheint Kaspar Hauser dann den Menschen gleich einem Engel, ohne das wir aber sagen dürfen, er sei schlichtweg ein solcher. Er ist eben auch und zu allererst Mensch.

Und aus diesem Erkenntnisschritt heraus können wir nochmals dezidierter das Zitat Rudolf Steiners verstehen, der nicht sagt, dass der Erbprinz ein versprengter Atlantier sei, sondern der eben sagt, Kaspar Hauser sei ein versprengter Atlantier.

Man sperrte also den Erbprinzen in eine okkulte Gefangenschaft und wollte ihn dadurch zu einem «Wedernoch» machen, und schaffte doch genau dadurch die Grundlage, dass er zu einem «Sowohl-als auch» wurde.

Hören wir für ein noch tieferes Verständnis nun nochmals die wichtigen Worte Rudolf Steiners bezüglich dieses Verbrechens. Er sagt in dem Gespräch mit Graf Polzer-Hoditz im Jahr 1916: «Die Gegenkräfte wollten nicht, dass enthüllt werde, was sie als ein Experiment, als einen großangelegten Versuch inszenierten, um jene Individualität (Kaspar Hauser) durch eben ihr Experiment, von ihren Aufgaben zu trennen. Sie in einem Zwischenreich zu halten. Die Ichheit dieses Wesens soll nicht durchdringen können ihren Leib, soll draußen bleiben in einem Zwischenreiche, nicht reine Geistgestalt und nicht reiner Erdenmensch. Von ihren Aufgaben abgelenkt und wie in geistiger Verbannung bleiben. Das heißt, einen Leib zu formen, aber nicht tätig, als Ichheit, ihn ergreifen können.»

Das also ist die Quintessenz des okkulten Verbrechens. Doch voller Trost ist dann der darauf folgende Satz Rudolf Steiners, der besagt:

«Dieses Experiment aber glückte nicht, und darum musste Kaspar Hauser sterben.»

Es ist natürlich grausam und tragisch, dass Kaspar Hauser dann im Dezember 1833 doch ermordet wurde, wobei wir im heutigen Vortrag nochmals lernen werden, auch diesen Tod in einem erweiterten Licht zu sehen, aber es ist eben doch von ungemeinem Trost, dass dieses denkbar schlimmste Verbrechen nicht gelingen konnte. Sie sind gescheitert an dem Kind! Und das ist das Außerordentliche und Trost Spendende. Das Kind war stärker als die Intention des Bösen stark war. Wie aber war das möglich? Haben die Gegenkräfte etwa schlecht gearbeitet? Wohl kaum.

Und nun folgt in dem Gespräch der noch gewichtigere Satz Rudolf Steiners, der besagt: «Sie (die Gegenkräfte) mussten erleben, wie durch ihr Experiment gerade erreicht wurde, was sie zu verhindern strebten.»

Was für ein Mysterium! Sie haben das Kind also sogar noch gestärkt, ja potenziert. Es kam nicht nur nicht an Leib, Geist und Seele geschädigt aus dem Verlies hervor, sondern es kam darüber hinaus sogar «engelgleich» hervor. Wie ist das zu verstehen? Denn wir dürfen auf keinen Fall sagen, dass das Kind durch die Art und Weise des Verbrechens, einer lang, sehr lang anhaltenden Einzelhaft, so paradiesisch hervorkommen hat können. Das wäre ein fataler Fehlschluss. Dann müsste man ja nur all unsere Kinder einsperren und sie kämen als bessere Menschen daraus hervor. Es muss also eine Kraft dem Kind zur Hilfe gekommen sein. Und etwas davon spricht sich ja bereits aus in dem schönen Bibelwort: «Der Mensch lebt nicht vom Brot allein, sondern durch jedes Wort, das da kommt aus Gottes Mund». Da aber der Erbprinz tatsächlich im Verlies vom Brot allein lebte, so können wir bereits daraus schließen, dass er eben nicht vom Brot allein lebte, sondern auch durch eine ihm zur Hilfe kommenden geistigen Kraft. Und diese ist es, die zu einer Art Potenzierung des Kindes führt. Sie ist es, die das Kind erhebt und es somit für den okkulten Angriff unantastbar macht. Dieser geht ins Leere! Und daher verzweifeln die Gegenkräfte dann an Kaspar Hauser in der Welt und an seiner ungemeinen Aufmerksamkeit, die er europaweit hervorruft, und versuchen ihn im Oktober 1829 bereits zu töten, was aber misslang. Später erst wird es ihnen gelingen. Aber erst zu einem Zeitpunkt, als Kaspar Hauser bereits seine Mission erfüllen hat können. Und dies ist wiederum von ungemeinem Trost.

In diesem Lichte können wir nun auch nochmals die Gegenkräfte umfassender ins Bewusstsein heben. Sie wurden und werden ja nicht müde, die Identität Kaspar Hausers mit der des Erbprinzen mit allen Mitteln zu leugnen. Bis in die neueste Gen-Wissenschaft hinein will man beweisen, dass er nicht der Erbprinz gewesen war, stattdessen aber ein Betrüger. Und genau daran verraten sie sich. Denn die übereinstimmende Identität Kaspar Hausers mit der des Erbprinzen ist durchaus eine gerechtfertigte und wichtige Frage, wenn auch unzählige Indizien und Beweise genau darauf hinweisen. Aber zu sagen, er sei ein Betrüger, dies eben ist der eigentliche Betrug. Denn ein Betrug von Seiten Kaspar Hausers würde ja nur dann vorliegen, so er vorgegeben hätte, der Erbprinz zu sein, um daraus einen unlauteren Gewinn zu erzielen. Aber er gab dies ja niemals vor. Er wusste ja lange nicht einmal, was das überhaupt ist, ein Erbprinz. Er beschreibt nur sein Kerkerleben, sonst nichts.

Wie also umgehen mit der ständig anhaltenden Diffamierung und In-Frage-Stellung, die kaum zu ertragen ist?

Dieser Frage hatte ich mich über viele und lange Jahre zu stellen, bis ich willens war, das Goethe-Wort wirklich zu verinnerlichen, welches besagt, dass Mephisto «ein Teil von jener Kraft (sei), die stets das Böse will und stets das Gute schafft».

Und es fiel mir nicht leicht, das Gute in der anhaltenden infamen Diffamierung finden zu wollen. Aber der gute Wille, das Böse dadurch «gesund» zu denken, er wird «belohnt». Und so kam ich nach Jahren zu der Erkenntnis: Vielleicht will das Böse ja aufmerksam machen auf etwas, das sonst nicht gesehen werden würde? Und genau da liegt der Schlüssel. Selbstverständlich ist Kaspar Hauser der Erbprinz, ja, aber er ist eben nicht mit ihm identisch. Und zu diesem Erkenntnisschritt verhilft uns eben tatsächlich auch das Böse. Und das spiegelt sich erstaunlicherweise auch an den Gen-Analysen, die keine vollständige Deckungsgleichheit auffinden können zwischen den Genen des Kaspar Hauser und denen der weiblichen Nachfahren der Stephanie de Beauharnais. Das Ergebnis der nicht völlig gegebenen Übereinstimmung ist gewissermaßen durchaus richtig, die daraus getätigte Schlussfolgerung nur ist falsch, Kaspar Hauser sei daher nicht der Erbprinz. Und folglich müsse seine wahre Identität die sein eines Betrügers. 2001 kam man ja bei den medizinischen Analysen auf eine nahezu gegebene Deckungsgleichheit, bis man an einer entscheidenden Stelle der sogenannten Basen-Paare doch eine Divergenz vorzufinden hatte. Ja, Kaspar Hauser ist eben über die Gene in seiner Identität nicht zu greifen. Er ist der Erbprinz, ist aber nicht mit ihm identisch.

Um dies in seiner Aussagekraft noch tiefer zu verstehen, könnte man sich einmal die etwas seltsam anmutende Frage stellen: Wenn es möglich wäre, die Gene des

Evangelisten Johannes mit denen des Lazarus zu vergleichen, was würde hierbei für ein Ergebnis erzielt werden können? Deckungsgleichheit? Oder würde die Wandlung, die sich in den Wesensgliedern ereignete von Lazarus zu Johannes, würde sie sich nicht auch in diesen innersten Bausteinen des physischen Leibes wiederfinden? Eine schwierige Frage.

So habe ich einen Frieden mit den Diffamierungen finden können, da sie tatsächlich fast noch geholfen haben, weiterzugelangen im Denken. Man würde es sich nämlich wirklich zu einfach machen, zu sagen, Kaspar Hauser sei schlichtweg identisch mit dem Erbprinzen. Denn damit wäre ja auch gar nicht viel gesagt. Wer diese Wesenheit tatsächlich ist in ihrer Zeitlosigkeit, das würde damit ja gar nicht zum Ausdruck kommen, nur seine leiblich-physische Abstammung wäre dadurch ja benannt.

Und so lassen wir nun Kaspar Hauser selbst zu Wort kommen, um das Mysterium seiner wahren Identität mehr und mehr erkennen zu können.

Als Kaspar Hauser nämlich erstmals in Nürnberg Kindern begegnet, fragt er auf seine unverwechselbare Art, was dies denn für kleine Menschen seien. Worauf die Erwachsenen antworten, dies seien keine kleinen Menschen, dies seien Kinder. Und auch er, Kaspar Hauser, sei einmal Kind gewesen. Darauf antwortet er aber aufs Rigoroseste, so bezeugen es Feuerbach und Lehrer Daumer: «Ich bin nie Kind gewesen. Ich bin immer so gewesen wie jetzt. Ich bin erst zu Nürnberg auf die Welt gekommen.»

Das sind wirklich schwer zu verstehende Äußerungen, zumal er ja sehr wohl Erinnerungen an seine Kindheit hat, wenn es auch nicht viele sind. Er erinnert sich an Gänse, an Mais, an ungarische Worte. Und er träumt von einem Wappen, das man später dann dem Schloss Beuggen am Oberrhein zuordnet. Viel mehr ist es nicht.

Wie ist dies nun zu verstehen? Die Erinnerungen aber, das weiß man, sind eingeprägt in den Ätherleib des Menschen. Im Ätherleib hat Kaspar Hauser also Bezug zu der Zeit seiner Kindheit, wenn auch sehr rudimentär. Im «Ich» aber, da scheint er verneinen zu müssen, Kind gewesen zu sein. Mehrmals sagt er: «Ich bin nie Kind gewesen. Ich bin immer so gewesen wie jetzt. Ich bin erst in Nürnberg zur Welt gekommen.» Ja, vielleicht müssen wir Kaspar Hauser für wahr nehmen und erkennen lernen, dass dem wirklich so ist. Dass sein «Ich» tatsächlich nie Kind war und erst zu Pfingsten 1828 in der Welt zur Geburt kam.

Es muss also in der langen Zeit der okkulten Gefangenschaft eine Verwandlung in der Konfiguration seiner Wesensglieder geschehen sein, aus der heraus all die nun erwähnten Aspekte tatsächlich, untereinander übereinstimmend, zu erkennen sind.

Und hier nun schließt sich der Kreis zu jenem Prinzip, das wir im ersten Vortrag besprochen haben: «Das Prinzip der spirituellen Ökonomie im Zusammenhang mit Wiederverkörperungsfragen».

Hierbei spricht Rudolf Steiner ja von mehreren verschiedenen Prinzipien, wie wertvolle Wesensglieder vervielfältigt, aufbewahrt und weitergereicht werden können. Am ausgiebigsten spricht er über dies in Bezug zu Avatar-Wesenheiten, die sich ab und an über die Zeitenläufe mit dem Menschen verbinden, um die weitere Entwicklung der Menschheit maßgeblich zu impulsieren. Und hierbei fällt dann auch ein recht beiläufig erscheinender Satz, der aber von größter Bedeutung ist. Er sagt:

«Solche Beispiele können wir bis in die neuste Zeit herauf verfolgen».

Denn wenn wir von solchen Avatar-Wesenheiten hören, dann mutet es doch ein wenig so an, als sei dies ein altes Prinzip, das es in frühen Zeiten der Menschheit noch gab, das nun aber nicht mehr als zeitgemäß erscheint. Und es stimmt, dieses Prinzip nimmt mit den Zeitenläufen tatsächlich ab, da ja der Mensch in eine immer größere Eigenverantwortung und Mündigkeit gestellt sein will, es heißt aber nicht, dass dieses Prinzip völlig «ausgedient» hat.

Wenn solch ein Prinzip aber bis in die neueste Zeit hinein gegeben ist, wo mag dies der Fall sein, wo mag es sich ereignen, wenn eben nicht explizit bei *der* Wesenheit, die uns heute hier zusammengeführt hat, Kaspar Hauser?

Und so kommen wir nun zu einer umfassenderen Schau einer sehr kritischen Phase der Bewusstseinsseelenentwicklung. Der Mensch, das haben wir nun des Öfteren vernommen, hatte sich über das 16., 17., 18. und 19. Jahrhundert nicht zur Genüge dem eigentlichen Entwicklungsimpuls gestellt. Immer diesseitiger wurde er, einhergehend mit einer weiter und weiter zunehmenden Geistverleugnung. Was aber konnte die Geistige Welt angesichts dieses Falles der Menschheit tun? Es sind den höheren Hierarchien ja fast die Hände gebunden angesichts des höchsten Prinzips, das der Freiheit des Menschen. Doch, Eines, das vermögen die höheren Hierarchien sehr wohl. Sie vermögen hohe menschliche Individualitäten zur Inkarnation zu geleiten, die vom irdischen Standpunkte aus die Befähigung haben, die Menschheitsentwicklung weiterzuführen. Und so kommt es beispielsweise nun zu einer weiteren Inkarnation des großen Meisters des esoterischen Christentums, Christian Rosenkreutz. Nun aber wird er ein exoterisches, weltlich-historisch greifbares Leben annehmen. Dies aber ist für solch eine Meister-Wesenheit eine große Gefahr. Solch hohe menschliche Eingeweihte wirken ja meistens im Verborgenen, denn gerade dadurch vermögen sie ihre helfenden und rettenden Impulse dem Menschen zukommen zu lassen, ohne direkt erkannt und von den Gegenkräften ergriffen zu werden. «Nur das Geheimnis sichert den Erfolg» soll daher eine Aussage gewesen sein, die der Graf von Saint Germain tätigte. Er ist die exoterische, sprich weltlich-historisch greifbare Inkarnation des Christian Rosenkreutz im 17. und 18. Jahrhundert. Ja, ab und an treten die hohen Meister aus dem Verborgenen in die «erste Reihe», um dadurch ihr segenvolles Wirken noch unmittelbarer dem Menschen schenken zu können. Dies geschieht aber nur dann, wenn unbedingt notwendig, denn es ist, wie gesagt, für sie eine große Gefahr. Und diese Gefahr wird über die Zeiten immer größer, da die Gegenkräfte in ihren Fähigkeiten ja sehr wohl auch zunehmen. Dies ist ja auch der Grund, warum Saint Germain eine Fülle an Decknamen und Pseudonymen zu wählen hatte, um eben dadurch in seiner hohen Individualität nicht erkannt zu werden. Eine «gesunde Evolution» der sozialen Ordnung, dies versuchte er zu impulsieren. Und doch konnte er nicht verhindern, dass es zu einer «blutigen Revolution» kam.

Eine weitere, außerordentliche Wesenheit, die auch zur Inkarnation geleitet wird, ist Napoleon, der an sich vorgeburtlich mit einem sonnenhaften Inkarnationsauftrag versehen wurde, an den er sich auch vage noch zu erinnern scheint, als er sich bei der Kaiserkrönung 1804 selbst die Biene als Wappentier setzt. Doch er vergisst diesen Auftrag, so Rudolf Steiner, und verfällt ganz einem Mars-Impuls, der wiederum unsägliches Blutvergießen zur Folge hat.

Und dann ist es eine Fülle an erlauchten Persönlichkeiten, die nahezu zeitgleich durch die höheren Hierarchien in die Welt geleitet werden, und die als einer der größten Blüten der neueren Geistesgeschichte zu sehen sind. Es sind all jene, die als große Dichter und Denker, als große Musiker und Maler in Mitteleuropa in Erscheinung treten. Und doch, so erlaucht sie sind, die Not war bereits so groß, dass es eines noch erhabeneren Mittelpunktwesens bedurfte, um all jenes Geistesgut tatsächlich bis in die sozial-politische Ordnung «gießen» zu können.

Hören wir diesbezüglich nochmals den genauen Wortlaut Rudolf Steiners, ebenfalls aus jenem bereits erwähnten Gespräch aus dem Jahre 1916.

«Süddeutschland hätte werden sollen die neue Gralsburg der neuen Geistesstreiter und die Wiege künftiger Ereignisse. Wohlvorbereitet war der Geistesraum durch all jene Persönlichkeiten, die wir als Goethe, Schiller, Hölderlin, Herder und so fort kennen. Kaspar Hauser sollte wie um sich herum sammeln all das, was da lebte in diesem so vorbereiteten Geistesraum. Das aber wurde von jenen Kreisen nicht gewollt. Sie konnten keine erwachende Mitte zulassen, wenn sie sich nicht ihrer Macht und Machtbestrebungen entäußern wollten.»

Wer mag da alles tatsächlich vereint gewesen sein? Bei Novalis beispielsweise, das dürfen wir ja dank Rudolf Steiner wissen.

Und nun befinden wir uns an dem entscheidenden Punkt, an dem die höheren Hierarchien zu dem Entschluss kommen, ein Mittelpunktwesen in diesen erlauchten Kreis hineinzustellen, das dank seines Blutstromes und dank seiner eigentlichen Individualität Höchstes bewirken hätte können. Für wen aber entscheiden sich die Hierarchien, wohl wissend, dass diese Inkarnation ungemein exponiert und somit gefährdet war? Sie war so exponiert und gefährdet, dass selbst exoterische Kaspar Hauser Forscher sagen, alleine bereits die Geburt dieses Kindes sei gewissermaßen sein Todesurteil gewesen.

Wer also inkarniert sich 1812 am Tag des Sonnenerzengels in der Sonnenstadt Karlsruhe? Wer ist der Erbprinz, der später erst zu Kaspar Hauser werden wird?

Um dieser Antwort uns zu nähern, müssen wir nun nochmals eingehender uns dem Gespräch zwischen Ehrenfried Pfeiffer und Rudolf Steiner widmen, in dem jenes größte uns bekannte Zitat fällt: «Wenn Kaspar Hauser nicht gelebt hätte und gestorben wäre, so wie er es tat, so wäre das Band der Geistigen Welt zur Erde vollkommen gerissen.»

Das Gespräch geschah während einer Autofahrt von Stuttgart nach Dornach im Jahre 1923. Ehrenfried Pfeiffer erzählt davon in einem Vortrag über die Aufgabe des Erzengel Michaels, den er 1946 in den Vereinigten Staaten hält:

«Ich (Ehrenfried Pfeiffer) war immer besonders an den Erlebnissen Kaspar Hausers interessiert, weil ich einen Teil meiner Jugendzeit in Nürnberg verbrachte und Kontakt zu den Nachfahren derjenigen Familien hatte, bei denen er gelebt hatte, und ich viel über ihn reden hörte. Als ich einmal mit Rudolf Steiner mit dem Auto von Stuttgart nach Dornach fuhr, sprachen wir über Kaspar Hauser. Ich fragte, was seine tatsächliche Aufgabe gewesen sei. Rudolf Steiner antwortete, dass Kaspar Hauser *ein sehr hoher Eingeweihter* sei .... .»

Halten wir hier bereits einmal inne. Später werden wir den weiteren Verlauf des Gespräches hören. Und wir werden tatsächlich vernehmen, dass Kaspar Hauser sogar noch mehr als dies zu sein scheint. Er ist ein noch komplexeres Wesen, bei aller Komplexität, die ein sehr hoher Eingeweihter bereits mit sich bringt.

Die Wahl der höheren Hierarchien fällt also auf einen sehr hohen Eingeweihten, der nun, ähnlich wie Christian Rosenkreutz als Graf von Saint Germain, eine weltlich-historische Inkarnation zu ergreifen hat, bei aller Gefahr, die für diese Wesenheit daraus erwächst. Es war die ungemeine Not der Zeit, die diese Entscheidung der höheren Hierarchien «not-wendig» machte. Und dieser sehr hohe Eingeweihte, er kannte die Welt sehr gut, wodurch er auch befähigt war, als Staatsmann jene Gralsburg in Mitteleuropa zu gründen. Wodurch er aber auch in seinem Kommen durch die Gegenkräfte abgelesen hat werden können. Und die Gegenkräfte, sie halten Ausschau nach dieser Geburt und verfolgen ihn, ergreifen ihn, entführen ihn und setzen ihn in ein okkultes Verbrechen, durch das er, noch weit mehr als «nur» durch seine mögliche Ermordung, über lange Zeiträume keine rettenden, die Menschheit weiterführenden Impulse mehr setzen können sollte.

Und dadurch drohte nun ein Zweifaches. Einerseits konnte nun der drohende Riss durch den Erbprinzen, der zur «Königlichen Hoheit» erwachsen wäre, nicht mehr aufgehalten werden. Er hätte ja dem drohenden Riss durch sein weltliches Wirken vorbeugen können. Er hätte den weiteren Fall in die völlige Diesseitigkeit «abfedern» können. Das aber vermochten die Gegenkräfte ja zu verhindern. Andererseits aber drohte zudem nun auch noch der Verlust eines der maßgeblichsten, sehr hohen

Eingeweihten, zumindest für lange Zeiträume. Zu einem «geistig Verbannten» hätte er ja werden sollen.

Was mag nun aber die Geistige Welt empfunden haben, als sie dieses Ereignis auf Erden zu erleben hatte? Zumal ja diese hoch gefährdete Inkarnation des sehr hohen Eingeweihten in ihrer Verantwortung lag.

Müssen sie da nicht womöglich doch zu dem an sich unzeitgemäßen Entschluss gekommen sein, helfend einzuwirken? Um dem in die Welt gesandten sehr hohen Eingeweihten ihre unmittelbare Hilfe zukommen zu lassen? Und diese Hilfe, sie war nun eben nicht nur notwendig, sondern auch möglich geworden. Durch das edle «Gefäß», das der sehr hohe Eingeweihte bildete, dadurch war es ihnen auch möglich geworden, direkt einzugreifen. Denn, und nun kommen wir zurück zu dem wichtigen Begriff, eine Avatar-Wesenheit vermag sich ja nur dann mit einem Menschen zu verbinden, so dieser ein hoch Entwickelter ist und befähigt ist, solch ein Hineinsenken «aufzufangen» und zu «ertragen».

Dieser sehr hohe Eingeweihte sitzt also als angekettetes Kind auf Stroh, jahrein, jahraus daran gehindert, sich zu erheben und mit einem anderen menschlichen Wesen in Kontakt zu treten. Und hierbei, das müssen wir denken lernen, geschieht nun tatsächlich eine immer stärker voranschreitende Zerstörung seiner Wesensglieder-Konfiguration. Und das Ich droht sehr wohl in ein Zwischenreich verbannt zu werden. Und dies nun ist der Augenblick höchster Gefahr und das Rettende tritt ein, indem sich eine Avatar-Wesenheit anschickt, in das eingekerkerte Kind sich hinein zu senken, um das ins Zwischenreich verbannte Ich zu befreien, zu entbinden. Ja, durch dieses Hineinsenken vermag das Ich des Erbprinzen «heraus zu sterben» und gerettet zu werden. Und die höhere hierarchische Wesenheit verbindet sich nun mit den unteren Wesensgliedern des menschlichen, sehr hohen Eingeweihten.

Aus diesem Mysterium heraus können wir nun plötzlich auch einen Weg finden, jenen schwierigen Satz Rudolf Steiners zu verstehen, der besagt, dass die Gegenkräfte erleben mussten, «wie durch ihr Experiment gerade erreicht wurde, was sie zu verhindern strebten.»

Denn durch das «Außenvorbleiben» des Ichs des Kindes war eine Situation geschaffen, die, bei aller Gefahr, eben doch die Möglichkeit begünstigte, dieses Ich entbinden zu können.

Und als dieses Kind dann nach Jahren ausgesetzt wird, da gleicht es einem Engel und ist eben doch ein Mensch. Dieses Wesen ist dann im strengen Sinne das, was Rudolf Steiner eine «Doppelpersönlichkeit» nennt. Und diese Doppelpersönlichkeit erinnert sich anhand seines Ätherleibes hier und da an die Kindheit, in ihrem Ich aber sagt sie, soeben zu Nürnberg erst geboren worden zu sein.

Daraus ist nun auch gänzlich zu verstehen, warum die Vorträge unter dem Titel: «Das Prinzip der spirituellen Ökonomie im Zusammenhang mit Wiederverkörperungsfragen» bezüglich Kaspar Hauser von so ungemeiner Bedeutung sind. Denn sie ermöglichen nicht nur ein Verständnis bezüglich Kaspar Hausers erfüllter Mission, wovon wir im ersten Vortrag sprachen, sondern sie ermöglichen zudem auch, die Wesenheit Kaspar Hausers selbst in ihrer Komplexität zu begreifen. Er ist ein sehr hoher, menschlicher Eingeweihter, der zum Träger wird einer höheren hierarchischen Wesenheit. Gleich einem Ross, das seinen Reiter trägt.

Wobei die erfüllte Mission Kaspar Hausers nun nochmals in einem erweiterten Licht erscheint. Denn hierbei ist es ja eben nicht «nur» ein Mensch, der sich auf's Schönste mit dem Christus Jesus vom Standpunkte der Erde aus verbindet, sondern eben eine höhere hierarchische Wesenheit. Die aber hätte an sich gar keine Möglichkeit gehabt, sich mit dem Christus Jesus vom Standpunkte der Erde aus zu verbinden. Es sei denn, ein Mensch wäre zu ihrem Träger geworden. Und dieser Mensch ist der, den wir den Erbprinzen nennen. Und um wie vieles mehr verstehen wir nun, dass das Band dadurch so ungemein gestärkt hat werden können, dass es nicht zu reißen hatte. Denn es wurde wohl erstmalig durch eine höhere hierarchische Wesenheit, vom Standpunkte der Erde aus, auf das Innigste befeuert.

So dass wir nun zu der weiteren, entscheidenden Frage kommen. Der Erbprinz ist ein sehr hoher Eingeweihter. Und bei allem, was wir von Kaspar Hauser kennen, können wir nicht anders, als zu sagen: Er muss ein sehr hoher Meister des esoterischen Christentums sein.

Die Frage ist: Wer ist die höhere hierarchische Wesenheit? Aus welcher Hierarchie kommt sie?

Erinnern Sie sich an die Frage Rudolf Steiners bezüglich Kaspar Hauser? «Woher kam Kaspar Hauser?»

Und diese Wesenheit, sie muss einen Bezug zur alten Atlantis haben, wo sie noch eine zeitgemäße Aufgabe innehatte. Und die dann einberufen wurde im 19. Jahrhundert, um eine zweifache, höchste Gefahr abzuwenden. In dieser Zeit aber erscheint sie dann als wie nicht zugehörig und unzeitgemäß. Ja, sie ist «versprengt». Und diese Wesenheit muss darüber hinaus auch noch eine gewisse Nähe und Bekanntheit haben zu dem sehr hohen Eingeweihten, sodass sie sich seiner annehmen konnte.

Hören wir nun den weiteren Verlauf des Gespräches von Ehrenfried Pfeiffer und Rudolf Steiner. Auf die Frage hin, was die tatsächliche Aufgabe Kaspar Hausers gewesen sei, antwortete Rudolf Steiner also, «dass Kaspar Hauser ein sehr hoher Eingeweihter sei und die Kraft habe, das Band zwischen Erde und geistiger Welt aufrechtzuerhalten in einer Zeit, in der das sonst niemand könne.»

Im weiteren Verlauf des Gespräches wird er dann sogar noch ein weiteres Mal genau darauf verweisen, in der uns nun bereits bekannten Formulierung: «Rudolf Steiner sagte, dass, wenn Kaspar Hauser nicht so gelebt hätte und gestorben wäre, so wie er es tat, das Band zwischen der Geistigen Welt und der Erde vollkommen gerissen wäre.»

Von höchster Bedeutung aber ist, dass Rudolf Steiner noch Weiteres über die Wesenheit Kaspar Hausers gesagt haben muss, denn Ehrenfried Pfeiffer setzt nun fort: «Ich darf hier auf eigene Verantwortung ergänzen, dass es so scheint, als ob ein sehr hohes Wesen hinter ihm steht, wahrscheinlich ein Archai.»

Das heißt also: Hinter dem sehr hohen Eingeweihten scheint nochmals ein weiteres sehr hohes Wesen zu stehen. Der sehr hohe Eingeweihte, dies ist ein Mensch. Und hinter diesem Menschen scheint aber nochmals eine übermenschliche Wesenheit zu stehen.

Welche Worte, welche Begriffe mögen in diesem Gespräch von Rudolf Steiner verwendet worden sein, an die sich Ehrenfried Pfeiffer, 23 Jahre danach, zu erinnern versucht? Selbst hier will sich das Mysterium des Kaspar Hauser anscheinend nicht gänzlich offenbaren, wenn auch eine große, entscheidende Fährte gelegt ist.

Ehrenfried Pfeiffer sagt aufrichtig und gewissenhaft: «Ich darf hier auf *eigene* Verantwortung ergänzen, dass es so scheint, als ob ein sehr hohes Wesen hinter ihm steht, wahrscheinlich ein Archai.»

Ob Rudolf Steiner den Begriff der Archai gewählt haben mag, an den sich Ehrenfried Pfeiffer versucht, zu erinnern? Oder wählte er in dem Gespräch vielleicht einen der vielen anderen Namen dieser Wesenheiten? Denn diese Wesenheiten, sie sind so hoch und groß, dass wir gleich sieben Namen für sie kennen: Es sind die Archai, die Urengel, die Urbeginne, die Urkräfte, die Fürstentümer, die Geister der Persönlichkeit, die Zeitgeister. Erstaunlich! Allein die Fülle der Begriffe bereits spricht von ihrer nahezu unermesslichen Bedeutung und Größe.

Oder aber wählte Rudolf Steiner eine andere Formulierung, weil er vielleicht davon auszugehen hatte, dass der junge Ehrenfried Pfeiffer diese Wesen und deren Namen noch gar nicht zur Genüge kannte? Und daher möglicherweise von einem sehr hohen Wesen sprach, das nochmals hinter dem sehr hohen Eingeweihten stand, das aus einer Hierarchie kam, die nochmals höher war als die der Erzengel?

Oder sprach er vielleicht schlichtweg von einer Hierarchie, deren Aufgabengebiet der «Mensch an sich» sei?

Denn das nun ist das Wichtige, zu erkennen, wer diese Wesen sind. Und was ihre Aufgabe ist.

Die Archai-Wesenheiten, und daher kommt ihr Name, haben ihre «Menschheitsstufe» bereits auf dem Alten Saturn absolviert. Die Entwicklung, die wir soeben durchzugehen haben auf der vierten planetarischen Stufe, der Erde, diese haben sie bereits durchlaufen auf der ersten planetarischen Stufe. Wenn wir uns also in Beziehung zu ihnen setzen, so gelangen wir in Berührung mit den Ur-Anfängen. Seitdem aber sind sie kontinuierlich aufgestiegen, sodass sie sich heute bereits dort befinden, wo der Mensch sich am Ende der Zeiten befinden können wird, jener siebten planetarischen Stufe, die der Vulkan-Zustand genannt wird. Das heißt demzufolge: Wenn wir uns mit ihnen in Verbindung setzen, so treten wir nicht nur in Begegnung mit den Uranfängen, sondern auch mit den fernsten Weltenzielen, dann, wenn der Mensch den Geistesmenschen vollendet haben wird. Sie, die Archai-Wesen, die Urengel, sie befinden sich bereits heute dort.

Die Engel, das wissen wir, haben als unterstes Wesensglied den Ätherleib, die Erzengel den Astralleib. Und die Urengel, die Geister der Persönlichkeit, sie haben als unterstes Wesensglied das Ich.

Die Engel, sie können sich manifestieren bis hinein ins Wasser, in die Luft, ins Feuer. Die Erzengel vermögen dies bereits nur bezüglich der Luft und des Feuers. Und die Archai, sie vermögen sich nur bis ins Feuerelement allein zu manifestieren.

Die Aufgabe der Engel, sie kann insbesondere in der liebevollen Fürsorge für den einen oder anderen Menschen liegen. Die Aufgabe der Erzengel, sie liegt bereits in der weisen Führung ganzer Völker. Und die Aufgabe der Archai? Es ist der Mensch an sich. Sie verantworten den Menschen an sich im Durchgang durch die vierte planetarische Stufe, der Erd-Verkörperung. Sie leiten den Menschen von der frühen lemurischen Zeit an bis hin zu den Toren des Himmlischen Jerusalem, der nächsten planetarischen Stufe, die der «Neue Jupiter» genannt wird.

Die Archai-Wesenheiten sind es daher, die dem Menschen die *Selbstheit* vermachen. Das heißt, nur über dieses Geschenk, eine Selbstheit vermacht bekommen zu haben, vermag der Mensch auch Stufe um Stufe zur Selbstständigkeit zu erwachsen. Als große Herausforderung auf diesem Wege aber liegt demzufolge auch die Gefahr der Selbstsucht.

Die Archai-Wesenheiten, es sind die großen Mittler zwischen der Vatergottheit und der Hierarchie der Menschen.

Und sie sind es, die ermessen können, wann welche menschliche Individualität zur Inkarnation gelangen kann und gelangen soll. Das ist ja eine Qualität von größter Bedeutung, dass wir vertrauen dürfen, dass der Zeitpunkt, an dem wir geboren werden, von höchster Weisheit aus eingeleitet wird. Und diese Tatsache ist es auch, die uns verstehen lässt, warum diese Wesenheiten zudem auch noch «Geister der Persönlichkeit» und auch «Zeitgeister» genannt werden. Sie haben eben eine außerordentlich starke Beziehung zu der menschlichen Individualität an sich sowie auch zu dem *spiritus temporis*, der jeweils spezifisch gegebenen Zeitqualität. Und aus dem Zusammenschluss dieser beiden «Begabungen» erschließt sich die Fähigkeit, den Inkarnationsmoment einer menschlichen Individualität zu bestimmen.

Sodass wir nun bereits erkennen können: Die Wesenheiten, die das Kommen des Christian Rosenkreutz in einer weltlich-exoterischen Inkarnation zu verantworten hatten, sowie aber auch die Inkarnation Napoleons und all der vielen Deutschen Dichter und Denker in einer nahezu gegebenen Gleichzeitigkeit, und eben auch die so exponierte Inkarnation des Erbprinzen, des Mittelpunktwesens im Kreise all jener erlauchten Geister, diese Wesenheiten sind niemand Anderes als die Archai.

Sodass wir des Weiteren erkennen: Die Hierarchie, die die Gefahr der Inkarnation der Erbprinzen-Individualität zu verantworten hatte, sie kommt dieser Individualität daher nun selbst zur Hilfe, als diese für lange Zeiten verloren zu gehen drohte, und senkt sich in sie hinein. Dabei entbindet und rettet sie das Ich des sehr hohen

Eingeweihten, der in Wechselwirkung dadurch zum Träger einer Archai-Wesenheit wird. Und sie ist es dann, die ein gutes Recht hat in Nürnberg zu sagen: «Ich bin nie Kind gewesen. Ich bin immer so gewesen wie jetzt. Ich bin erst zu Nürnberg auf die Welt gekommen.» Und dieses Ich dieser Wesenheit ist es dann, das sich vom Standpunkte der Erde aus mit dem vervielfältigten Christus-Jesus-Ich verbindet, wodurch sie dann auch so zu sterben vermag, wie wir es nun bereits des öfteren vernommen haben.

Und es ist diese Archai-Wesenheit, die dadurch auch das Band, sprich den lebendigen Christus-Impuls, aufrecht zu erhalten vermag und aufs Höchste befeuert, stärkt und verjüngt.

Blicken wir nun zum Schluss dieses Vortrages noch auf das Prinzip in der Menschheitsentwicklung, in dem Archai-Wesenheiten zu Avataren haben werden können.

Als der Mensch in der alten lemurischen Zeit Schritt für Schritt zu einem Erdenbürger wurde, da war ihm diese Welt noch vollkommen fremd. Und daher benötigte er damals einer großen Hilfe, um die neuen Herausforderungen meistern zu können. Dies war die Zeit, in der sich Archai-Wesenheiten mit dem einen oder anderen Menschen zu verbinden hatten, um diese bis in den physischen Leib hinein zu beseelen. Solche beseelten menschlichen Wesenheiten wurden dann zu Führerpersönlichkeiten. Was sie taten, dem folgten all die anderen Menschen nach. Dieses Prinzip war in ganz frühen Zeiten der Menschheitsentwicklung noch völlig zeitgerecht. Solche Wesen nannte man einen Dhyani- Buddha.

Im Fortschreiten der Menschheitsentwicklung kam es in der atlantischen Zeit dann zu einem weiteren Prinzip. Nun waren es Erzengel, die sich mit dem einen oder anderen Menschen zu verbinden hatten. Diese so inspirierten Menschen wurden dann zu den großen Lehrern auf der Alten Atlantis.

Das erste Prinzip der sich hinein senkenden Archai-Wesenheiten hatte nun diesem neuen Prinzip, bedingt durch das Fortschreiten der Menschheit, zu weichen. Aber es kam nicht völlig zum Erliegen. Ab und an, wenn auch selten, gab es sehr wohl auch noch diese ältere Art der Verbindung, wenn auch das Erzengel-Prinzip nun das vorrangige wurde.

Und im noch weiteren Fortschreiten der Menschheit kam dann die Zeit auf, dass im Nachatlantischen es Engel-Wesen waren, die sich nun hinein senken konnten in dafür auserkorene, menschliche Träger. Diese wurden dann beispielsweise zu den großen Königen und Propheten, die wir aus dem Alten Testament kennen. Zu diesem Zeitpunkt war dann aber das erste Prinzip der Archai-Wesenheiten bereits nicht mehr zeitgemäß.

Hören wir noch einmal auf die Worte Rudolf Steiners, wie solche Führerpersönlichkeiten in der lemurischen Zeit wirkten. Er spricht darüber in dem Vortrags-Zyklus «Geistige Hierarchien und ihre Widerspiegelung in der physischen Welt» aus dem Jahre 1909.

Im sechsten Vortrag heißt es beispielsweise, dass es «in dieser jungen Menschheit solche Menschen gibt, die eigentlich Maya darstellen in ihrem Wandeln auf der Erde. Es gab solche Menschen. Sagen wir einmal, um sie deutlich zu charakterisieren: Irgendein normal entwickelter Mensch der lemurischen Zeit begegnete einem solchen anderen Menschen. Äußerlich sah er nicht viel anders aus als die anderen, aber in ihm war gleichsam hineingefahren ein Geist, dessen Gebiet (...) bis zur Venus hinaufreichte. So stellte das Äußere eines solchen Menschen eigentlich eine Maya, eine Illusion dar. Er schaute nur so aus wie die anderen Menschen, war aber etwas ganz Anderes.»

Und im siebten Vortrag heißt es: «So haben wir also einzelne unter diesen lemurischen Menschen, die wandeln unter der ganzen Masse der Menschen auf ganz eigentümliche Art herum, sie haben einen anderen physischen Leib als die anderen. Dadurch aber hatte er einen gewaltigen Einfluss auf seine ganze Umgebung. Solche Lemurier unterschieden sich äußerlich gar nicht besonders von ihren Genossen, aber weil in ihrem physischen Leib stellvertretend ein Geist der Persönlichkeit war, wirkten diese auserlesenen Individuen suggestiv im höchsten Sinne des Wortes auf ihre Umgebung.»

Und nun müssen wir fast zum Staunen kommen. Wurde Kaspar Hauser nicht genau so wahrgenommen? Hatte beispielsweise Kaspar Hausers Vormund Gottlieb von Tucher seinen Schützling nicht genau so beschrieben, als käme er aus der Zeit des Paradieses, sprich also aus Lemurien? Wie viele Augenzeugen waren gegeben, die an Kaspar Hauser etwas ganz anders Geartetes erkannten, ohne es sich aber erklären zu können? Kaspar Hauser sah nur so aus wie die anderen Menschen, und doch war er etwas ganz anderes. Und auch er hatte hoch suggestive Wirkungen auf sein Umfeld, beispielweise auch auf die Tiere.

Dieses Prinzip aber eines Dyhani-Buddhas, es war noch, wenn auch vereinzelt, gültig im Atlantischen. Und nun verstehen wir also, dass eine aus dieser Zeit ins 19. Jahrhundert einberufene, so geartete Wesenheit, als völlig unzeitgemäß in Erscheinung trat. Sie war «versprengt».

Und so hat Anselm Ritter von Feuerbach völlig recht, in dem er sagt, Kaspar Hauser sei gleichsam das «einzige

Geschöpf seiner Gattung». Ja, Kaspar Hauser war im frühen 19. Jahrhundert tatsächlich das einzige Geschöpf seiner Gattung, denn weit und breit gab es keinen weiteren Dhyani-Buddha mehr.

Und dessen erfüllte Tat ist natürlich nicht beschränkt auf Europa, wie es dies vorrangig der Fall gewesen wäre bei dem Erbprinzen. Diese Tat ist eine Menschheitstat! Und daraus erschließt sich eben auch der Rang der höheren hierarchischen Wesenheit, denn die Aufgabe der Archai-Wesenheiten ist, wie wir nun oft hörten, der Mensch an sich.

Eine Avatar-Wesenheit aber vermag nur über eine relativ kurze, dezidierte Zeit in einem menschlichen Träger zu verweilen. Dies ist natürlich in keinster Weise eine Rechtfertigung für deren Ermordung. Es ist und bleibt selbstverständlich ein grausames Verbrechen, das am 14. Dezember 1833 in Ansbach geschah. Aber was für ein Segen, dass dieses Verbrechen erst dann erfolgen konnte, als die Avatar-Wesenheit ihre Mission bereits aufs Schönste vollendet hatte. Und dadurch konnte sie dann auch den Erdenplan bereits wieder verlassen.

Wenn aber solch eine Wesenheit eine Führerpersönlichkeit ist, dann müssen wir uns verwundert fragen: Wohin soll denn bitte dieses Kind führen, das zu Beginn in Nürnberg zu kaum etwas fähig war?

Dieses Kind, Kaspar Hauser, es hält die fünfte nachatlantische Kulturepoche in ihrer Entwicklung aufrecht. Darüber hinaus aber führt es den Menschen in die sechste Kulturepoche hinein, die in der Apokalypse des Johannes den Namen trägt: Philadelphia. In dieser Epoche, darüber spricht Rudolf Steiner just in Nürnberg, wird der Mensch es vermögen, «in Freiheit die Liebe jedem anderen Wesen entgegenzubringen».

Dies aber vermochte Kaspar Hauser bereits zu Beginn des 19. Jahrhunderts. Und daher vermag er es auch, uns in die kommende Kulturepoche hinein zu führen, in der dann eine wahre brüderliche und schwesterliche Liebe regieren wird.

Haben Sie herzlichen Dank!

GOTTFRIED

Eine kurze Erzählung

Es schmerzte Georg Friedrich Daumer, die Trauer seines Schülers zu erleben, als dessen Name zertreten wurde. Was war geschehen? Vor einigen Tagen hatte der Lehrer einen Weg gesucht, Kaspar Hauser zu einer tieferen Begegnung zu führen mit dem ihm auferlegten Namen. Was für ein Mysterium war es doch, das sich da in den vier markanten Silben aussprach: *Kas par Hau ser*! Eine ganze Welt schien darin verborgen zu sein! Daumer hatte seinen Schüler angeregt, mit Gartenkresse den Namen in großen Lettern in die Erde zu säen, um so förmlich miterleben zu können, wie die Natur ihm Schritt für Schritt seinen Namen offenbaren würde. Doch es war ein Birnendieb, der, wohl ohne Absicht, aber eben doch mit groben Schritten, das zarte, frischgrüne Gebilde zertrat. Tief traurig war Kaspar in seiner Seele darüber, sodass Daumer ihn kurzerhand ermutigte, die Aussaat gleich nochmals zu wiederholen. Und tatsächlich, Kaspar ließ sich darauf ein und übergab ein weiteres Mal die Gartenkresse der fruchtbaren Erde, aufdass ihm nun doch sein Name von unten her entgegenwachsen möge.

Überhaupt war es das Mysterium des Wachstums, das den Lehrer dazu veranlasst hatte, dieses so geartete Vorhaben zu wählen. Denn Kaspar Hauser hatte immer noch große Mühe, das Wachstum in seinem eigentlichen

Wesen zu verstehen. So hatte er beispielsweise noch bis kurz zuvor eine abgefallene Blüte an einen Blumenstängel hingehalten in der Meinung, sie müsse dadurch doch wieder rechtens zu befestigen sein. Und auch als er erstmals Kinder in Nürnberg sah und erstaunt fragte, was dies denn für kleine Menschen seien und er hörte, nein, das seien keine kleinen Menschen, das seien Kinder, und auch er sei einmal solch ein Kind gewesen, da hatte er noch heftig reagiert und aufs Rigoroseste behauptet: «Ich bin nie Kind gewesen. Ich bin immer so gewesen wie jetzt. Ich bin erst zu Nürnberg auf die Welt gekommen.» Die in die Erde geschriebene Gartenkresse sollte also gleich zwei große Fragen zur Antwort bringen können. Und Daumer war über seinen didaktischen Einfall durchaus erfreut.

Und doch, auch dieses zweite Mal war es Kaspar nicht vergönnt, seinen Namen voll ausgewachsen zu erleben. Wieder wurde er zertreten. Dieses Mal von einer Katze. Das schmerzte ihn ungemein. Erst ein Birnendieb, nun ja, aber jetzt eine Katze? Waren ihm gegenüber doch gerade die Tiere immer so zutraulich und zahm, wirkte er doch gerade auf sie so besänftigend.

Dieses zweite Missgeschick nun war am gestrigen Tage geschehen. Und Kaspar, untröstlich in seiner seelischen Stimmung, zog sich daher bereits am frühen Abend auf seine Stube zurück. Er wollte allein sein. Daumer aber blieb lange noch wach, grübelnd und auch uneins mit sich selbst. Ja, es schmerzte ihn, die Trauer seines Schülers zu erleben.

Am folgenden Morgen saß er bereits sehr früh am gedeckten Tisch, um Hauser zu empfangen. Der Tisch war noch etwas reicher gedeckt als für gewöhnlich. Es war der sanfte Versuch, Kaspar freudig zu stimmen.

Nach einiger Zeit kam er zögerlich die Stiegen herab und setzte sich zu seinem Lehrer und Gastgeber. Gleich war zu sehen, dass Kaspar feuchte, stark gerötete Augen hatte. Er musste geweint haben, vielleicht sogar über recht lange Zeit des Nachts geweint haben.

«Kaspar?»

«Ja, Herr Professor?»

«Wir können es gerne noch ein drittes Mal versuchen. Es wird wohl keine weiteren Birnendiebe und auch Katzen geben, die sich erlauben werden, Deinen Namen noch ein weiteres Mal zu zertreten. Wir können es aber auch gerne gut sein lassen und uns anderen Dingen zuwenden. Ganz wie Du willst, Kaspar.»

«Herr Professor, ich habe geträumt.»

«Du hast geträumt?»

«Ja, das habe ich.»

Und dann, recht leise und verhalten, begann Kaspar Hauser seinen Traum zu erzählen. Und Daumer verstand, dass Kaspars Tränen bereits nichts mehr mit dem gestrigen Ereignis zu tun hatten, sondern dass es Tränen waren, die er aufgrund seines innigen Traumes geweint hatte. Und es war kaum zu sagen, ob es nur Tränen der Trauer oder nicht doch auch der Freude waren. Kaspar erzählte also, dass er in seinem Traume in einem Bett gelegen habe, als eine Frau auf ihn zukam. Sie trug ein blaues Kleid. Und er habe sofort gewusst, dass dies seine Mutter sei. Und diese seine Mutter, als sie ihm nun ganz nahe gekommen war, habe ihn bei seinem Namen gerufen. «Gottfried» habe sie ihn gerufen. Ganz klar und deutlich: «Gottfried!» Daraufhin sei ihr Bild dann verschwunden und er habe im Traum sehr geweint, so sehr, dass sein Kopfkissen selbst jetzt noch ganz durchtränkt sei von seinen nächtlichen Tränen.

«Gottfried?» fragte Daumer vorsichtig.

«Ja, Gottfried, ganz klar und deutlich.»

Und Daumer ging gedanklich rasch allen Begegnungen nach, die Kaspar Hauser in letzter Zeit in Nürnberg hatte, und es waren viele, sehr viele. Und doch, Daumer konnte niemanden namens Gottfried ausfindig machen. Wo dann aber sollte sein Schüler den Namen aufgegriffen haben? Oder sollte es tatsächlich eine Erinnerung Kaspars sein, aus einer Zeit, in der er noch nicht den Namen Kaspar Hauser trug? Und sollte etwa das letztendlich misslungene Vorhaben der Gartenkresse zu dieser Erinnerung beigetragen haben?

Nach dem Frühstück, das Beiden gut tat, gingen Lehrer und Schüler gemeinsam durch die Natur. Ein Spaziergang im rechten Moment, das wusste Daumer, wirkte auf seinen Zögling immer wie eine stärkende Medizin. Und er entschloss sich, Kaspar einen freien Tag zu schenken, ohne Studium und didaktischen Vorhaben.

Und so stabilisierte sich Kaspar Hauser wieder. Denn sein Traum wirkte nicht, wie von Daumer anfangs befürchtet, schwächend auf Kaspars Gemüt, sondern es war eher das Gegenteil zu erleben.

Am folgenden Tage dann bekam Hauser wieder Unterricht, am Vormittag durch seinen Lehrer, am Nachmittag durch einige der Nürnberger Pfarrer. Und es war am frühen Abend, als Kaspar plötzlich in das Haus seines Lehrers stürmte und mit großem Geschrei nach ihm rief:

«Herr Professor, Professor Daumer, heute ist mir das Evangelium des Matthäus gelehrt worden. Aber gleich zu Beginn, zu Beginn dieses Evangeliums, Herr Professor, da ist zu lesen von einem langen, furchtbar langen Register, einem Geschlechtsregister. Aber es ist dummes Zeug, was da geschrieben steht, lauter dummes Zeug, denn da zeigt immer einer dem andern etwas und doch steht nicht da, was er ihm denn zeigt.»

Daumer brauchte etwas Zeit, um sich zu sammeln, verstand aber dennoch nicht so recht, was der eigentliche Grund war, warum sich Hauser so sehr echauffierte. Und daher bat er Kaspar, nochmals Schritt für Schritt vorzubringen, was denn an sich geschehen sei. Und da erst erkannte der Lehrer die Not seines Schülers. Im Matthäus-Evangelium, ja, da sind viele Geschlechterfolgen benannt, die bis weit, weit zurück verweisen auf Abraham, auf Isaak und auf Jakob. Lauter Geschlechterfolgen sind benannt, die die jeweils nächsten Generationen zeugten. Aber Kaspar verstand das Verb «zeugen» nicht und nahm es für «zeigen». Und somit machte tatsächlich all das geschriebene Evangelien-Wort für ihn keinerlei Sinn. Jeder «zeigte» auf seinen Nachkommen, und doch war nirgends davon zu lesen, was dieses «Zeigen» denn zu bedeuten habe.

Der Lehrer versuchte, seinen Schüler zu trösten. Aber es gelang ihm nicht so recht. Die ungemeine Fülle an Namen hatte Kaspar völlig verwirrt und überfordert. Lauter ihm vollkommen unbekannte, völlig fremde Namen. Namen, die ihm keinerlei Sinn zu machen schienen.

«Muss ich dies denn alles wissen, Herr Professor?» fragte Kaspar nachdrücklich. «Muss ich mir denn diese Namen tatsächlich alle merken?»

«Nein, lieber Kaspar, das musst Du nicht. Eines Tages vielleicht wird es für Dich Sinn machen, all dies zu wissen. Ob es aber so kommen wird, das kann ich Dir nicht sagen. Vorerst darfst Du darin Trost finden, dass tatsächlich Alles, und somit auch die Folge all dieser vielen Generationen, innerhalb einer großen Ordnung liegt, ohne dass Du vielleicht diese Ordnung als solche bereits völlig ermessen kannst. Aber den Frieden mit der von Gott gegeben Ordnung, den gewiss, den kannst Du finden.»

«Warum eigentlich steigt Gott nicht ein weiteres Mal zu den Menschen herab, es gäbe doch so vieles für uns hier auf Erden zu klären. Meinen Sie nicht auch, Herr Professor?»

«Ja, Kaspar, das meine ich auch. Anscheinend aber ist dies so in Seiner großen Ordnung nicht vorgesehen. Aber wer weiß, vielleicht wird uns das Zukünftige ja dennoch auch neue Offenbarungen schenken können.»

So endete ein weiterer, bewegter Tag in Kaspar Hausers kurzem Leben. Er zog sich wieder auf seine Stube zurück. Das Alleinsein war Not. Und Daumer?

Er blieb lange noch wach und lies all die Ereignisse der letzten Tage innerlich vorüberziehen. Ab und an ging ein sanftes Lächeln des Mitgefühls über sein Gesicht, dann, wenn ihm in den Sinn kam, wie sehr das misslich verstandene Verb «zeigen» Kaspar Hauser affektiert hatte. Was aber würde erst für eine Wallung in Hauser aufkommen, sollten die Nürnberger Pfarrer sich entschließen, ihm auch jenes andere Evangelium nahezubringen, das des Lukas? Kaspar würde wiederum eine Reihe ganz anderer Namen zu hören bekommen, ihm völlig fremde Namen einer wiederum ganz anderen Genealogie. Wie sollte Hauser, gerade er, der keinerlei eigene Genealogie kannte, damit zurechtkommen?

Spät erst schlief der Lehrer ein, denn viele Gedanken gingen ihm durch den Kopf. So auch die Frage, ob er es vielleicht einmal wagen sollte, Kaspar spontan mit dem Namen «Gottfried» zu rufen? Wäre dies weise? Er wusste es nicht. Es war eine sanfte Hoffnung, die ihn dann in den Schlaf geleitete: Möge Kaspar Hauser in der einen oder anderen kommenden Nacht weitere Begegnungen haben können, durch die sich ihm weitere Namen offenbaren würden. Namen, die durch Nichts und Niemanden mehr zu zertreten wären.

LITERATUR UND QUELLENTEXTE

Georg Friedrich Daumer, Anselm Ritter von Feuerbach: Kaspar Hauser. Eichborn Verlag 1995

Rudolf Steiner: Theosophie. Rudolf Steiner Verlag, 2003 (GA 9)

Rudolf Steiner: Das Prinzip der Spirituellen Ökonomie im Zusammenhang mit Wiederverkörperungsfragen. Rudolf Steiner Verlag 2000 (GA 109)

Rudolf Steiner: Geistige Hierarchien und ihre Widerspiegelung in der physischen Welt. Rudolf Steiner Verlag 1991 (GA 110)

Ita Wegman: Im Anbruch des Wirkens für eine Erweiterung der Heilkunst nach geisteswissenschaftlicher Menschenkunde – Die gesammelten Aufsätze aus der «Natura». Natura Verlag 1974

Karl Heyer: Kaspar Hauser und das Schicksal Mitteleuropas im 19. Jahrhundert. Kreßbronn 1958

Peter Tradowsky: Kaspar Hauser oder das Ringen um den Geist. Philosophisch-Anthroposophischer Verlag 1980

Eckart Böhmer: Kaspar der Schatzhüter. Info3 Verlag 2020

Eckart Böhmer: Kaspar Hauser und die Apokalypse des Johannes. Info3 Verlag 2022

Webseite des Kaspar Hauser Forschungskreises: www.kaspar-hauser.net

ECKART BÖHMER

Kaspar Hauser und die Frage ward Fleisch

Literarische Arbeiten zu dem Kind Europas

136 Seiten, Klappenbroschur, € 12,80

ISBN 978-3-95779-041-5

Seit der Aussetzung des «Kindes von Europa» war das literarische Wort ein gern gegangener Weg, sich dem sprachlos machenden Ereignis künstlerisch zu nähern. Dieses Werk ist ein Spiegel der bereits dreißig Jahre währenden Arbeit Eckart Böhmers zu Kaspar Hauser und bildet gemeinsam mit seiner Intendanz der von ihm ins Leben gerufenen Kaspar-Hauser-Festspiele und seiner intensiven Vortragstätigkeit einen faszinierenden Dreiklang.

Inhalt:

Ich nit Mensch, Ich Kaspar (Gedichtzyklus) · Feuerbach oder Beispiel eines Verbrechens an der Bewusstseinsseele des Menschen (Theaterstück) · Stanhopea occulta (Theaterstück) · Der Engel mit dem Schlüssel zum Abgrund (Erzählung) · Der Schatzhüter (Erzählung) · Grenzerfahrung (Kurzgeschichte) · An Kaspar Hauser (Ode) · Geistige Identität (Sinnspruch) · Brot und Wein (Sinnspruch)

www.info3-verlag.de